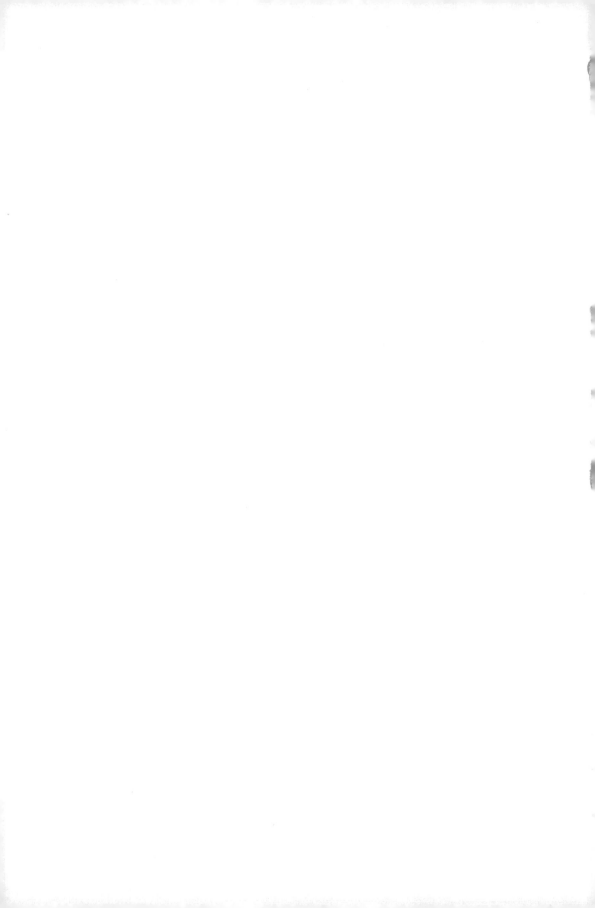

博物馆里的
考古大发现丛书

青铜王朝

科影发现/编

中国科学技术出版社
·北京·

科 影 发 现

科影发现

中央新影集团下属优质科普读物出版品牌，致力于科学人文内容的纪录和传播。团队主创人员由资深纪录片人、出版人、文化学者、专业插画师等组成。团队与电子工业出版社、清华大学出版社、机械工业出版社、中国科学技术出版社等国内多家出版社合作，先后策划、制作、出版了《我们的身体超厉害》《不可思议的人体大探秘：手术两百年》《门捷列夫很忙：给孩子的化学启蒙》《小也无穷大》《中国手作》《文明的邂逅》等多部优质图书。

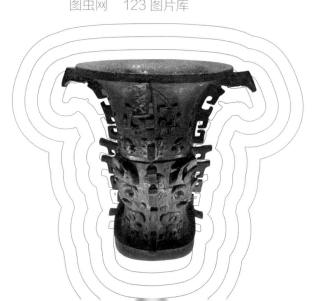

序

　　3000 年前建立的一个王朝——周朝，是中国历史上一个极为重要的朝代。《诗经》将它描述成"堇荼如饴"的天国。孔子热情地赞颂它："郁郁乎文哉，吾从周。"周代文明是孔子心中的典范，他一生想"克己复礼"，重现它的辉煌。

　　艰深晦涩的古文献和后世的传说故事中，记载着这个王朝终结暴政、崇礼尚师、建立一整套新礼仪文化的传奇。西周王朝的出现，使中国走上了"敬天、尚德、保民"的文明发展道路。中国从那时起，开始有了宗法文化和礼乐文化，并逐渐成为"礼仪之邦"，在这个基础上形成的儒学，成为中华文明的核心。中国人尊祖敬宗、重视家族血缘的文化习俗，和尊老爱幼、重视孝道的理念，以及外圆内方、执善仁恕的文化性格，求传承、求延续、求发展的价值判断等，都产生于西周时期。可以说，中华文明很大程度上就是周文明。

　　然而，这个影响中华后世 3000 年的光辉年代，它的历史痕迹却消失了 2000 多年，直到这些被深埋在宝鸡黄土之下的精美青铜器重见天日。这个曾经令无数学者疑惑的王朝——西周王朝，终于走出了迷雾。

　　周人是如何发端的？又是怎么兴起和壮大的？他们从蛮荒走进文明，经历了怎样的过程？周人有着怎样的人生观和价值判断？他们又是如何建构宗法制度和礼乐制度的？……庆幸的是，借助掩埋于地下 2000 多年的青铜器，人们得以回溯那段历史。这些浑厚坚实的青铜器上，记载着西周王朝的历史典章、荣辱兴衰。它们是时间留影机，是历史见证和讲述者，是后人了解周朝的得力帮手。

本书将通过讲述宝鸡青铜器博物馆馆藏的十件青铜重器所承载的历史记忆，从西周政治制度、历史传承、军事外交、文化艺术、刑法规制、经济基础等几大方面，展现中国古代青铜文明的鼎盛时期——西周王朝的辉煌历史，追溯我们文明的源头。

今天，我们轻叩时空之门，走近尘封了 2000 多年的青铜器宝藏之地——中国青铜器博物院。

目录

009

中国青铜器博物院

中国青铜器博物院，原为宝鸡青铜器博物院、宝鸡历史文物陈列室，国家一级博物馆，位于秦岭北麓、渭河南岸的国家 AAAA 级景区中华石鼓园内，以集中收藏、研究和展示周秦时期青铜文化为主，是我国第一座以青铜器命名的青铜文化专题博物馆。

　　中国青铜器博物院建筑面积 3.48 万平方米，拥有青铜器、陶瓷器、玉石器、碑帖字画、铜镜、钱币等文物48 万余件，其中珍贵文物 3245 件。文物数量多、种类全、品位高、价值大，尤以商周青铜器著称于世，其中有何尊、逨盘、秦公镈等百余件国宝重器。

走近封存
三千年记忆的王朝
西周

一座博物馆珍藏的宝藏，

一个王朝尘封了 3000 年的记忆。

走近中华文明的源头——西周。

西周（前 1046—前 771 年），是我国继夏商之后的第三个王朝，从周武王灭商到幽王亡国，共传十一代、十二王。西周是中国奴隶制社会的鼎盛时期，社会生产力比之商代更加提高，农业繁盛，文化也进一步发展。周王朝强盛时，势力所及南过长江，东北至今辽宁省，西至甘肃省，东到山东省。周王朝礼仪制度比较健全，有自己的官制、兵制、刑法、地制和礼制，直到春秋时期，孔子还在崇尚周礼。

寻找乐土

在中国最古老的文学典籍《诗经》中，记载着这样一个人间天国："周原膴膴，堇荼如饴。"《诗经》中描述的这个人间天国叫周原，那里就是西周的发祥地。我们的故事就从寻找周原开始。

三千多年前，为了族人安定的生活，为了部族强大的理想，周人远走他乡寻找乐土，最终谱写出一段盛世传奇。

面对崭新的时代，昔日并肩作战的兄长却远走他乡。年轻的王者，即将独自面对最强大的敌人。

西周的发源地——周原

曾经，从其他部族抢夺生产工具、人口和食物，是部族重要的生存方式之一。

生活在同一块土地上的两个部族，为了争夺更多的生存机会，争斗已经持续了许多年。

作为部族的首领，面对犬戎的肆意掠夺，古公亶父作出一个决定，一个改变他和整个部族命运的决定。

古公亶父放弃了无谓的争斗，带着他的家族和近臣，开始向西寻找安居的乐土。百姓也不愿意留下来被犬戎统治。

据《诗经》记载，古公亶父带领族人和百姓一路向南，最终来到岐山脚下一个叫周原的地方。周原土地丰饶，经过卜算，他们决定留在这里，建造房屋，繁衍生息。

后来，人们称住在周原的他们为"周人"。古公亶父是周文王姬昌的祖父。

周人在周原安居乐业复原图

走进西周的时光之门——宝鸡

今天的陕西宝鸡，是关中平原西部的一座秀丽古城。它的南面是巍峨的秦岭，西北是雄壮的关陇山脉。这里有山有川有塬，土质肥沃，雨量适中，非常适宜人类居住。

作为中国周秦文化的发祥地，早在两千多年前的西汉时期，宝鸡就出土了西周时代的青铜爵。公元前 61 年，汉宣帝还因此改年号为"神爵"。从那时起，宝鸡这一片土地就成为人们走进西周的时光之门。

中国青铜器博物院，是目前国内唯一一座青铜器专题博物馆。上万件馆藏青铜器，都出土于宝鸡地区。面对这些精美的器物，人们不禁对那个古老王朝浮想联翩，三千多年过去了，《诗经》中那个美丽的周原是否还留有蛛丝马迹？古公亶父的抉择最终结果如何？

《史记·周本纪》中也记载着古公亶父在周原营建城郭、安居百姓的事迹。许多年来，考古学家都希望能在西周遗存相当丰富的宝鸡地区，找到当年的城池遗迹。

青铜爵

中国古代酒器。青铜制，有流、柱、鋬和三足，用以温酒和盛酒，盛行于殷代和西周初期。

周原四合院遗址效果图

凤雏建筑遗址

　　从 20 世纪 70 年代开始，在宝鸡地区就陆续出土了很多相关周原的考古实证。终于，在 1976 年，考古学家在宝鸡岐山县凤雏村有了突破性的进展。

　　这是一座和现在北方四合院结构十分相似的建筑遗迹，距今已有三千多年的历史，是目前中国考古中发现的最早的四合院。

　　时间虽然过去了三千年，我们今天依然在建造和居住的四合院，竟然和这座三千年的建筑在结构上没有什么太大的差别。

20 世纪 70 年代，宝鸡岐山县凤雏村发现四合院建筑遗迹

而这次发现中最令人欣喜的是，在西厢房一个隐秘的窖穴中，出土了大量的甲骨，通过对甲骨上一些文字的辨识，确定了这里是西周时期的遗存。这是在周原考古中，第一次成批发现大量的周代甲骨。

甲骨曾经是商人用来占卜和祭祀的通灵之物，他们相信通过甲骨可以接收到上天的神谕。

在河南安阳殷墟，考古学家发现了大量的商代甲骨，通过解读甲骨上的文字，我们可以了解商代人的生活状况。遗憾的是，在凤雏发现的这一万多块甲骨都是碎片，记录在上面的信息也破碎得难以组接和辨识，但是考古学家还是对建筑的功能做出了推断。

河南殷墟出土的商代甲骨

岐山县凤雏窖穴中发现的甲骨碎片

西周王城复原图

西周古城现真容

如果说这座三千年前的四合院是西周王室的宗庙，那么这附近一定还有他们曾经生活过的痕迹，也许那将会是一座功能完备的繁华大都市。

就在人们还沉浸在对西周王城的想象之中时，在距离凤雏村直线距离不到 2 千米的扶风县召陈村，一个和凤雏四合院遗址同时代的建筑群遗迹被发现。其中最大的一栋建筑面积达到了 300 多平方米。

根据建筑的格局，专家判断召陈建筑群遗址应该是西周的王宫。但是决定性的证据，还没有出现。

然而，就在考古学家进一步清理遗址的时候，关键的证据出现了：他们在排水沟里发现了一个陶斗的底座，那上面有七

"为王"，即为王室所有

个陶纹，最后两个字就是"为王"，大
体意思是这个器物做成了，而且刻上文
字，为王室所用。后来结合这个建筑的
规模和建筑的形式，考古学家判断召陈
建筑群遗址属于王室的宫室建筑。

召陈建筑群遗址发现的陶
斗底座

召陈建筑遗址

西周古城复原图

　　有庄严的宗庙，有华丽的宫殿，一座西周古城似乎马上就要从黄土中显现真容。这里会是古公亶父迁居周原之后的居住地吗？

　　我们不禁开始想象这座繁华的古城，想象曾经居住在这里的人们丰富的生活场景。距离召陈不远的云塘村，出土了大量精美的骨簪。制作它们的地点是一个相当于9个足球场那么大的西周制骨作坊。

　　人类对骨器的使用历史，可以追溯到史前数万年，古人把坚硬的动物骨骼磨制

云塘村出土的骨簪

成各种各样的工具：箭头、骨针、农具等。在数万年的时间里，骨器的制作都是耗时漫长的个人手工制作。但是到西周这座巨大的制骨作坊中，骨器的生产变成了一项规模宏大、分工精细的产业。骨器也从最初简单的工具，变成了西周贵族发间精美的饰物。

也许，这件还没来得及离开生产作坊的骨簪，就是一个西周贵族青年为他的恋人定做的礼物。

三千年前的西周道路遗迹

《诗经·小雅》中有这样的诗句描述周朝的道路："周道如砥，其直如矢。"

1999年，一条从西周早期就开始使用的古代道路遗迹被发现。

令人吃惊的是，这条三千多年前的道路，宽度竟然达到了11米。遗迹中8道残存的车辙表明，三千年前的周原城里就有着双向四车道的马路。

而当时马车的车轮宽度大约20厘米，马车的宽度已经达到了2米。

这条古代道路遗迹，似乎正在为我们讲述着《诗经》中那个"乘马路车"的繁荣时代。

这些西周古城的遗迹，或许就是当年古公亶父和他的后代们在周原生活过的痕迹。

经过考古学家几十年的努力，现在已经可以确定《诗经》中周原的范围。这里和当时发达的中原地区相比，地处偏西，似乎还处于荒蛮之中。

其实，古公亶父在三千年前缔造的周原，远比人们想象的要辽阔。不久之后，这个偏居西方的小小方国，就会成为天下的主人。而周人之所以能够造就这一切，还有更深的渊源。

周原遗址公园

三千年前的西周道路遗迹，宽度达11米

"弃"母弃子

周人始祖的身世传说

周人是善耕的部族。丰饶的周原是周人的天国。今天，农业生产，依然是这里人们重要的生存方式之一。

周人始祖弃就和农业有着密切的关系。

弃的母亲无法怀孕，在祈祷的路上，踩到了巨人的脚印，便怀孕生下了一个男孩。她觉得不吉利，先后三次把孩子遗弃，但是牛羊、猛兽和飞禽都保护着孩子不受伤害。母亲终于认为

周人始祖"弃"名字的由来

这孩子是天神下凡，于是抱回家悉心抚养。

因为三次遗弃的经历，所以就取名为"弃"，他还有一个更为人熟知的称呼——后稷。

"后稷"最初是一种专门管理农业的官职，据司马迁的记载，弃在尧时代当过管理农业的农官，所以被后人习惯地称为后稷，古公亶父就是后稷的后代。

后稷之孙，实维大王，
居岐之阳，实始翦商
——《诗经·鲁颂·閟宫》

《诗经》尊称古公亶父为太王，认为他的功绩是后来西周能够取代殷商的基础，并用长长的诗篇热情歌颂古公亶父迁居周原的创举。

西周即将崛起

　　古公亶父越来越老了，他的部族也越来越富足，但是他还有一个未了的心愿。

　　据《史记》记载，古公亶父十分中意孙儿姬昌，但是姬昌是古公亶父三子季历的儿子，按照部落族制，只有长子才能继承王位，

今天的无锡梅里

泰伯庙

长子泰伯体察到了父亲的烦恼，主动让出继承权，和二弟仲雍一起背井离乡，去了千里之外的太湖流域，创建了后来的吴国。而姬昌如古公亶父所愿，最终继承了王位，即后来的周文王。这就是"泰伯仲雍奔吴"的故事。

在今天的无锡梅里，还有泰伯的陵墓，他的故事诠释了中华文化中一个十分重要的概念——义。

　　一个是放弃争斗和掠夺的古公亶父，一个是放弃权利和财富的泰伯与仲雍，仅仅从父子两代人的故事中，我们就看到了周人的精神风貌。

　　我们也就不难想象，为什么影响了中国后世三千多年的礼制，会诞生在西周王朝。

　　而正是西周的崛起，最终决定了中国文化思想的雏形。

　　古公亶父去世多年以后，他最喜欢的

制礼作乐石牌坊

　　制礼作乐坊，位于山东曲阜周公庙。

　　武王灭商后，天子分封诸侯，把同姓宗亲和异姓功臣分封到各地做诸侯，以屏周室，形成以周天子为中心的封建统治秩序，西周第一代周公姬昌，制定了各种典章制度，也称礼乐制度。

　　在东周"礼崩乐坏"时期，礼乐文化被孔子一生所追求，孔子一生所追求的目标就是要恢复西周时期的礼乐制度。

周文王雕像

　　孙儿姬昌继承了王位，即后来的周文王。那时西周作为商朝西面的小方国，已经渐渐强大了起来。而庞大的商王朝，却在对神鬼的无限憧憬之中，进入了一个疯狂的时代。

　　为了巩固商王室的权力，商纣王借故除去身边强大的诸侯。很快，他把目光转向了当时西方最强大的周族。

　　年轻的王者，即将独自面对最强大的敌人。

何尊

年代：西周早期

规格：口径 29 厘米，圈足底径 20 厘米×20 厘米，通高 38.5 厘米，
　　　重 14.6 千克

出土地点：1963 年宝鸡贾村镇贾村西街

盛酒器。整体呈椭方形，圆形大敞口，口沿外卷，较宽，厚方唇，束颈。整体分三部分，内底铸铭文 122 字，记述了周成王五年迁宅成周的重大史实，是西周青铜器代表作之一。

何尊 西周成为天下主宰

这是中国青铜器博物院的镇馆之宝，中国首批 64 件永久不许出国展出的国宝之一。它的名字叫何尊，是宝鸡博物馆成立以后收藏的第一件青铜器。

何尊是怎么被发现的？它隐藏着什么惊天秘密？

博物馆工作人员又来废品收购站淘宝

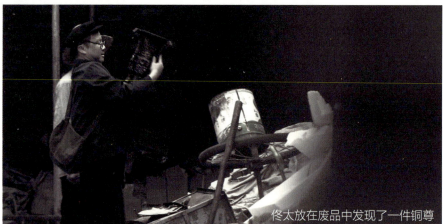

佟太放在废品中发现了一件铜尊

博物馆工作人员认定这是一件西周早期的珍贵铜尊

废品收购站淘回来的国宝

收购站寻宝

1965 年秋天，宝鸡市博物馆的佟太放，又跑到废品收购站去淘宝。在那个年代，很多珍贵的文物都被意外发现的村民当作废铜烂铁卖到了收购站，于是，博物馆的工作人员就成了废品收购站里的常客。

这一天，佟太放在废品收购站墙角的一堆废品中，发现了一件铜尊。这件铜尊体形硕大，造型十分古朴，器身上装饰有精美的花纹，整个器物透出一股雄厚之气。工作经验让佟太放预感到，这个沉重的家伙一定不同寻常。他给工人师傅打了声招呼，急急忙忙向博物馆跑去。不久，他又拉着文物保管员王光永匆匆忙忙赶了回来。

两人抱起铜尊仔仔细细观察，认定这是一件属于西周早期的珍贵铜尊。

陈堆

土崖后的意外发现

　　在向工人师傅打听之后，他们才知道，这个39厘米高、腹部装饰着巨目咧嘴、大眉悬翘饕餮纹的大铜尊，是废品收购站按废铜价格，花30元钱收购来的。它的前一位主人，是当地一位普普通通的农民——陈堆。

　　40多年过去了，陈堆已经离世多年，他的老伴和儿子还可以细数当年的情形。

　　这天下着雨，陈堆没能出门干活，在家上厕所时，他抬头看到悬崖上方塌了一块儿土，有什么东西正闪闪发光。陈堆感觉有两个眼睛正望着他。他很是

何尊局部

惊奇，就搬来梯子，爬上土崖查看，发现是个很大个的东西，就找来个短把儿攫头，最终在妻子的帮助下把这个东西给刨了出来。

照片中的老人就是陈堆。当年，陈堆长年在外地行医，只是偶尔回老家居住，他把挖出的铜尊暂放在二伯家之后就走了。两个月后，当他再次回来的时候，意想不到的事情发生了，二伯把挖来的东西给卖了。当时正处三年自然灾害，生活比较紧张，老人把东西当废铜卖给收购站，卖了30元钱。

当年的30元钱，帮陈堆二伯家渡过了难关，也让王光永和佟太放有幸遇到了宝物。经过和工人师傅反复协商，他们也花30元钱买下了铜尊。就这样，宝鸡博物馆自成立后有了第一件青铜藏品。

铜尊隐藏的秘密

然而，有关这件宝物的离奇故事，实际上才刚刚开始。

20世纪70年代，在北京故宫博物院举办了一次中华人民共和国成立后的出土文物展，铜尊因为纹饰精美、造型艺术价值极高，也被送往北京。就在展出前夕，专家们又在铜尊里发现了一个被隐藏了很久的秘密。

当时文物保护专家正在对铜尊做展出前的除锈工作，当除锈进行到铜尊内底部的时候，突然露出了字迹。

随着斑驳的铜锈渐渐被除去，在铜尊内底部出现了122个字的铭文。谁也没有想到，隐藏在这小小16厘米区域内的，竟然是一个小方国入主中原、开创一个伟大时代的传奇历史。

何尊内底部

何尊内底部露出了字迹

何尊内底部文字拓印

何尊

　　这些铭文的发现，让这个原本默默无闻的铜尊瞬间蜚声世界。

　　按照考古界的惯例，根据铭文中出现的铸造者何的名字，这个传奇的铜尊被正式命名为何尊。

　　何尊铭文最重要的价值就在于它印证了一个著名的历史事件——西周营建洛邑。

以仁治国赢天下

洛邑，在今天的河南洛阳附近，那里曾被认为是天下的中心，西周营建洛邑就是为了方便接受天下诸侯的觐见，这正是它问鼎中原的开始。

三千多年前，古公亶父带领族人，历经艰险，长途跋涉终于找到一片可以安居的乐土——周原。

许多年以后，那个曾经在古公亶父肩头嬉闹的小孙儿也长大成人，成了周族的首领，他就是后来的周文王姬昌。当时的天下还是商人的天下，周只不过是商王统治下众多方国之中的一个。

妲己迷惑纣王的皮影戏

商纣残暴统治

商族是一群深信鬼神的人，他们相信万事万物都由上天主宰，商王被称为天子，因为他是上天的代表。

在商人的眼中，生活中的每一件事都要靠占卜来决定，战争、打猎、求雨、疾病、甚至这一天可不可以洗澡。他们相信龟甲和牛胛骨是通灵的神物，在上面钻上洞，通过火烤产生独特的裂纹，就可以接受到上天的神谕，得到事情成败吉凶的启示。事后，他们把占卜的时间、原因和结果刻在甲骨上。这就是后来发现的甲骨和甲骨文。

纣王挖比干心的皮影戏

　　在商人的眼中，没有人，只有神。所以，一次祭祀动不动就杀掉或是活埋几百人。

　　当商王朝传到纣王的时候，已经荒诞至极。

　　商纣王能言善辩、力大无比，他统治着当时最强大的王国——殷商，拥有当时最美丽的女人苏妲己。但是他极度情绪化，视人命为草芥，竟然把对自己忠心耿耿的宰相比干的心都活活挖了出来。

　　面对纣王的残暴统治，许多商族百姓为了生存，不得不背井离乡，寻找新的乐土。

考古现场

出土窖藏青铜器 103 件

周原以仁治国

今天，我们在周原地区，发现了迁徙而来的商族人曾经生活过的痕迹。

1976 年，在宝鸡庄白村出土了一个家族的窖藏青铜器 103 件，其中 74 件有铭文，大名鼎鼎的史墙盘就出土于这里。从铭文中我们知道，这个家族叫微氏，他们世代都是西周的史官。令人吃惊的是，他们竟然是商人的后裔。

微氏的先祖就是在商末周初的时候，离开商地，投奔了西周，这也真切地反映出当时周文王"仁政"统治下的美好图景。

周人提倡"仁"，仁的核心实际上就

宝鸡庄白村考古现场

史墙盘铭文

是处理人与人之间的关系，强调把别人的利益放在第一位，把自己的利益放在从属的地位。

有仁有义的周族，很快赢得了周围方国的拥护；司马迁在《史记》中一句话概括说："西伯积善累德，诸侯皆向之。"

史墙盘

周文王施仁政

　　面对周的强盛繁荣，商纣王明显感受到了威胁，他借故把周文王囚禁在一个叫羑（yǒu）里的地方，想找个理由处死他。然而，周文王对商纣王却十分恭敬，在四方的口碑又非常好，纣王一时找不到理由杀他，整整关了七年才释放。据说，正是在这七年之中，周文王根据伏羲八卦，推演出了周易。

　　后来，周武王在姜子牙的辅佐之下，在牧野大败商军，纣王在鹿台自焚身亡，商王朝554年的统治终结，一个影响后世三千年的周王朝诞生。

仁政赢得周围方国拥护

趣味故事

　　虞国和芮国为争夺一块田地闹得不可开交，决定找周文王来裁决。结果他们到了周原这个地方之后，发现"耕者让其畔"——耕地的人根本就不争这个地盘，而且都互相让着，年轻的人都扶着老人，当官的年龄老的都先让位给年轻的人，让他们更多地承担社会管理的责任，社会一片和谐。看到眼前发生的一切，虞、芮两国的代表深感惭愧。

　　于是，两个人就返回了自己的国家，并相互谦让原来有争议的那块田地，最后竟然谁也不要，闲置了起来。后来这块地被叫作"闲原"。这就是"虞（yú）芮（ruì）争田"的故事。

虞芮争田

▌何尊——西周建邑的历史见证

这些情节以前一直是民间故事里的精彩片段，或是时隔数百年之后记录在典籍里的冰冷文字。时间似乎模糊了视线，这一切到底是故事还是历史事实呢？答案就在何尊之中。

武王告天

何尊铭文中有一段清晰的记载："唯武王既克大邑商，则廷告于天，曰：余其宅兹中或（国），自兹乂民。"

说的是，当武王打败了强大的商朝之后，他就向上天告禀："我要在中原建都。"

那么久远的历史，竟然在一件青铜器上以如此真切的方式，呈现在了我们的面前。

何尊及其局部

何尊

何尊铭文中的"中国"

"中国"作为词组最早出现在"何尊"的铭文上

  　　铭文中"中国"这两个字，被认为是目前已发现的、最早作为词组出现的称呼。

  　　或（读"国"），从造字上可以理解为由戈保卫的地方，引申为国的意思。不过，当时的"中国"和今天的概念有很大的差别，指的是中原地区。

何尊铭文

周武王

　　当时，西周的核心偏居西方，在今天的陕西宝鸡一带；而天下真正的政治经济中心，在商王朝所在的中原地区。周武王在刚刚灭商之后，就看出了入主中原的重大战略意义：要实现对天下的统治，就必须牢牢把握住中原地区。

　　可是，周武王却没能看到"天下大治"的这一天，就在灭商后的第三年，周武王突然病逝。

　　国不可一日无君，武王死后，他的儿子姬诵即位，就是后来的周成王，但当时

洛阳丽景门

他只有 13 岁。

新建的王朝看起来前途未卜。

西周建邑

一个小的民族，从强大的商人手里拿过了政权，能够让这一政权继续存在下去，必须要建立一套规章制度。

这时，一个重要人物被推到了历史的前台。他就是创建中国礼制的伟大人物——周公，周武王的三弟、周成王的叔叔。据史料记载，武王临终前，将儿子周成王托付给了周公。

洛邑古城

周武王死后，他的另外两个弟弟立刻联合纣王的儿子发动了叛乱。其他原本追随周武王一起讨伐商纣的方国，却看起了热闹。这就是历史上的"三监之乱"。

被临危托孤的周公，陷入了前所未有的困境，也许正是这种困境使他看清了两件事：一要迅速巩固西周的政权；二要建立一种新的社会秩序，规范人们在社会生活中的各个方面。

"三监之乱"平叛以后，为了巩固政权，西周开始着手在中原地区的洛邑营建新的都城，以方便四方诸侯前来觐见周王。后来，洛邑在西周灭亡之后，成为东周的都城。

营建洛邑的事情，被当时一个叫何的贵族记录了下来。他把这个重要的事件铸造在了青铜器上，这就是何尊。

洛邑的建成，对西周王朝的意义非比寻常，以这个重要的历史事件为起点，西周王朝开始了属于自己的繁盛时代，而中华文明中许多重要构成，也从这个时代开始走向成熟。

国宝何尊正记录了这个崭新时代的开始。

阳燧

年代：西周

出土地点：1972 年 12 月，宝鸡扶风县刘家沟水库

古时用铜质制成的凹面镜，"阳燧见日则燃而为火"。其取火原理是将阳燧的凹面面向太阳，使太阳光照于其上，再通过镜面反射而使太阳光聚焦，在太阳光聚焦的地方放置可燃物，从而达到点燃可燃物的效果。

阳燧 青铜时代的神奇发明

三千年前，周人没有火柴，没有打火机，但是他们有一种叫阳燧的工具，就像神话故事中的宝物，阳燧可以直接从太阳光上取火。

○ 奇书《周礼》的诞生

公元前551年，孔子出生在鲁国陬邑（今山东曲阜），那时正是东周时期，距离西周灭亡已经过去了200多年，西周的礼乐制度已经在诸侯国之间的征战中彻底崩坏，但是西周的影响还在继续，它依然是许多人心目中的理想国。

孔子就在这样的环境中成长，并最终创建了儒家思想。他把自己一生的精力都放在了"克己复礼"上，他想要恢复的就是周礼；他所倡导的文化就是周的文化，因为在他的意识里，周文化才是真正的文化。

孔子在研读《周礼》之后，曾经高声疾呼："郁郁乎文哉，吾从周！"

孔子

曲阜孔府

《周礼》

《周礼》系周公所著礼制书籍

在孔子心里，周文化才是真正的文化

　　《周礼》是西周王朝的国书，记载了西周社会的方方面面，大到天文历法、国家制度，小到衣食住行、人们的日常行为准则，甚至细到家庭成员怎么处理关系、怎么称呼、怎么打交道……都是有明确规定的。用现在的话来说要讲礼貌，这个礼貌也是从这来的。

　　《周礼》的诞生，将中国引入一个文明有序的社会，因此成为中华民族的文化之源。

　　而《周礼》在后人的眼中，更是一部奇书，在它的字里行间，至今还隐藏着许多未解之谜。

《周礼》详细记载了西周社会的方方面面

专人掌管阳燧并负责取火于日

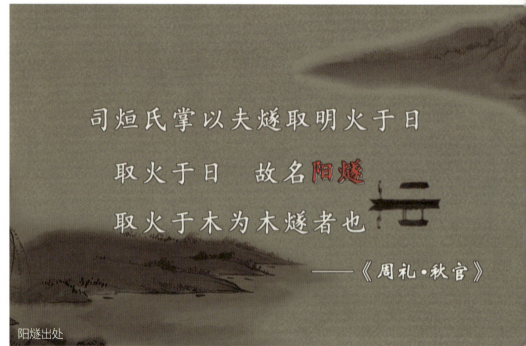

司烜氏掌以夫燧取明火于日

取火于日　故名**阳燧**

取火于木为木燧者也

——《周礼·秋官》

阳燧出处

○ 从太阳上取火的宝物
——阳燧

在亘古蛮荒的年代，火照亮了人类前行的脚步，带来了温暖和希望，帮助人类越过了黑夜和严寒。

今天，取火成为我们日常生活中再普通不过的事情，这使得我们淡忘了燧人氏第一次钻木取火时的惊喜。

试想，三千年前，周人没有火柴，没有打火机，但是他们有一种叫阳燧的工具，就像神话故事中的宝物。

在《周礼·秋官》中就记载了这样一个神奇的工具，它可以从太阳光里取出火来。这种工具的名字叫阳燧。西周时期，就有专人掌管阳燧，并负责取火于日。

刘家沟水库刨出一面"铜镜"

1972 年 12 月,陕西省扶风县正在修筑刘家沟水库大坝。民工王太川正在和大伙一起挖土,突然他从土里刨出了一个奇怪的东西,王太川捡起来看了看,发现这个东西就像是个铜质的茶杯盖子。这个盖子上有古朴的花纹,看起来和后世的铜镜十分相似。

得知消息后,考古队迅速赶到工地。经过发掘,考古学家在这里发现了西周时期的灰坑,也就是西周的垃圾坑。

虽然当时大家对这个铜质茶杯盖到底是不是铜镜十分怀疑,但它是在灰坑里被发现的,所以人们就理所当然把它当作了一面因为变形而被遗弃的铜镜。

陕西省扶风县

杯盖上有古朴花纹

考古现场

考古现场

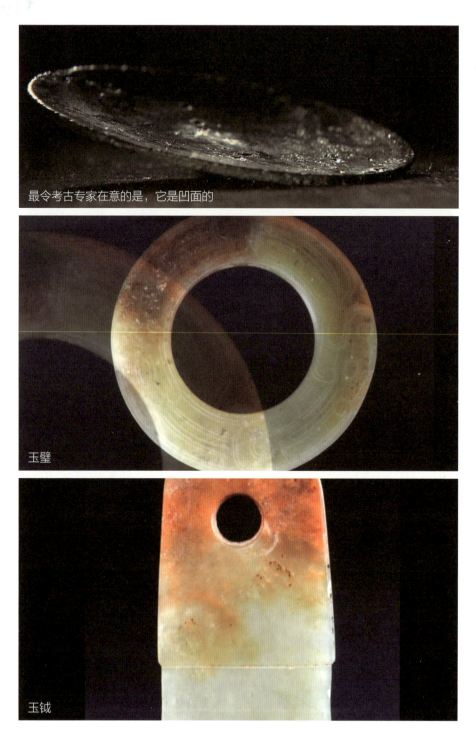

最令考古专家在意的是，它是凹面的

玉璧

玉钺

墓地主人手中的镜子

23 年后的 1995 年 4 月 14 日，在离刘家沟不远的扶风县黄堆村，考古学家有了新的发现。这里原来是一片大的墓地。为了研究方便，考古学家对每个墓都进行了编号。跟其他墓一样，60 号墓也被盗墓贼盗过，基本没剩下什么东西。

考古专家在清理墓穴主人的骨骼时有个惊奇发现：清理到手这个部分，发现主人的右手压着左手，而在左手里面发现了三件文物。

这三件文物，一件是玉璧，上面刻着漂亮的花纹；一件是玉钺，一种用于礼仪的仿制兵器；还有一件就和当年刘家沟出土的"茶杯盖"十分类似。

不同的是，这件器物背面没有鳞纹装饰，完全素面。它出土时虽然镜面上布满了翠绿色的铜锈，但铜锈间的空隙却十分光洁。最令考古专家在意的是，两件文物有一个相似点——它们都是凹面的。

如果说刘家沟的是被遗弃在灰坑里的残次品，那么握在西周古墓主人手中的又是怎么回事呢？

第三件器物就是类似茶杯盖状器物

墓室主人大有来头

从墓室的状况可以知道，这墓主人的身份大有来头。

据考古专家介绍，黄堆是周代王室的一个大墓群，从各个墓都被盗掘的痕迹来看，从西周灭亡以后盗墓贼就开始各种盗墓了。有的墓室多则7个或8个盗洞，最少也有3个盗洞。

更直观的证据就是，考古专家在墓室挖到一个大马坑，经过检验马的头骨发现，数量有一百匹之多。马在周代价钱相当昂贵，根据在周原出土的曶（hū）鼎铭文记载，周代一匹马的价钱相当于五个奴隶加一束丝的价格。

陪葬一百匹马，这绝对不是一个普通贵族能够承受起的，可见墓室主人的等级有多高。

对比在河南浚县出土的诸侯国韩国国君的墓地，他的车马坑里也只陪葬了七十二匹马。而这个有一百匹马的墓地说明，黄堆绝对是西周王室的墓！

考古专家发现一个大马坑

周代马非常贵

阿基米德

古中国奇书《周礼》中记载"取火于日"的阳燧，用现代物理光学解析，就是利用了凹面镜让光线聚焦的原理。

现代物理学对凹面镜的研究已经相当透彻：当光源在凹面镜的焦点上时，所发出的光经反射后形成平行光束，手电筒和探照灯的原理就是如此；当平行光照在凹面镜的凹面上时，通过反射汇聚在镜前的焦点上，太阳灶和雷达的工作原理就是如此。

趣味小故事

曾经有一面凹面镜在古希腊文明中留下过一段传奇，直到今天，这段传奇还在希腊半岛以南的西西里岛上流传。

西西里岛，是古希腊哲学家、物理学家阿基米德的故乡，阿基米德生活的年代正是中国的战国时代。在阿基米德70多岁的时候，古罗马帝国所向披靡的战船眼看就要攻占西西里岛，阿基米德指挥人们用巨大的凹面镜聚射太阳光点燃了罗马战船。古罗马舰队只好仓皇撤退。阿基米德因此被很多人誉为人类利用太阳能的始祖。

城墙上的凹面镜聚射太阳光

太阳光点燃了罗马战船

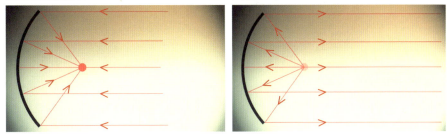

凹面镜聚集和反射光线原理

阳燧凹面满是锈迹

复制凹面铜镜

○ 阳燧的传奇发现故事

那从刘家沟和黄堆出土的两个凹面铜镜，会不会就是《周礼》中记载的阳燧呢？

对此，考古专家罗西章这样说："阳燧就是取火的东西！是不是阳燧就看它能不能取火，能取火这就是阳燧；取不了火就不是阳燧。"

也就是说，如果黄堆出土的这件凹面铜镜就是古籍中记载的阳燧，那么它就应该有良好的聚光性。

复制凹面铜镜

为了证实这件凹面铜镜到底是不是阳燧，考古专家把这个东西送到了西安光学仪器厂。

经过检测，铜器镜面呈球面，曲率半径为 110 ~ 120 毫米。也就是从光学角度讲，这件铜镜完全能够达到聚光的程度。

但是，铜器在地下埋藏了数千年，锈蚀得非常厉害，凹面几乎全被翠绿色铜锈遮盖住了。考古专家决定按原样翻模复制一件。铜器很快被送到了青铜复制厂，工人师傅开始想办法翻模复制。

罗西章

能聚光的阳燧

1995 年 8 月 14 日，正是麦收的季节。在黄堆铜器出土整整四个月后，由周原博物馆青铜器文物复制厂复制的凹面镜，被打磨抛光完毕，送到考古专家罗西章的手中。

这一天，刚好陕西省文物局副局长陪同瑞士著名律师马里奥·罗伯迪前来参观。兴奋的罗西章打算在这位外国客人面前，见证一下这个复制好的凹面铜镜到底能不能汇聚太阳光。

罗西章拿了几张宣纸到太阳底下，用凹面铜镜把光一聚，没想到两三秒就把纸点着了。大家都很高兴，这也证实：这正是阳燧。

马里奥·罗伯迪一看也高兴了，他拿着阳燧准备点一支烟，点着后他兴奋地大叫说今后自己要交好运了，因为他走遍全世界都没有见到真正的圣火，没想到到了中国竟然见到真正的圣火了。

也许，黄堆 60 号墓的主人，就是当年在西周王朝中掌管取火大权的人。他身负一个神圣的使命，与天有关，和太阳相连，是整个西周王朝的能量来源。

人与火

人类开始能自由取火

　　没有火就没有美味的食物，就没有温暖明亮的宫室，更不会有热情火焰和冷酷金属共同孕育的青铜时代。

匕 局部

○ 火和金属铸就了神奇青铜

如果说《周礼》中的阳燧是西周人使用的绿色点火器，那么这件在后世考古中出土的多功能器物更令人瞠目。

多功能勺子——匕

尖尖的头，两侧开刃，比较锋利，后

面有一个长又弯的把子，这是西周时期人们吃饭时的工具。它的名字叫匕。但它和后世的匕首有着本质的差别，它的主要功能是勺子。

在三千年前的古中国，匕是一件集多种用途于一身的餐具：它既能当刀子用，可以把肉拉开；又可以当叉子用，把肉插上挑起来吃；又能当勺子用，把汤盛起来喝。

匕的把手很长，也很结实，头部尖，两侧有刃。在三千年前那个权力变幻莫测、争斗无处不在的时代，到了关键时刻，匕甚至还能成为保命防身的武器，毕竟那时贵族的宴会就是杀机四伏的战场。

我们知道，刀、叉、勺，是正规西餐中必需的餐具。刀，主要用来切割食物；叉，用来取食；勺子，用来食用汤类食品。而早在三千年前的周朝，西周人就把这三件东西融为一体了。

匕

造型别致的刖人守门鼎

在西周人的餐桌上，不仅有我们今天没有见过的多功能匕，还有我们今天仍然在使用的餐具。

这里有两件器物，一件是小巧别致的青铜鼎，和国宝墙盘、折觥同时出土于宝鸡庄白一号窖藏；另一件和青铜鼎造型相似，是一个神秘古国君主的陪葬品。

它们共同的特点是鼎身分为上下两层，上面一层是鼎腹，下面一层都有这样两扇可以打开的门，而门把手的造型是一个受过刖刑，被砍掉一条腿的人。

在西周时期出土的青铜鼎中，这种造型的鼎已经发现了多件，考古学家把这种造型的鼎统一命名为——刖人守门鼎。

如果仔细观察就可以发现，刖人守门鼎的构造和今天的小火锅十分相似：上层的鼎腹，相当于今天的锅；下层实际上是一个连体的炉子。炉子的造型十分别致，有门有窗，像一个小房子，炉子门口还有守门的人。

构造跟今天的小火锅十分相似

房子门口还有守门的人

　　炉子燃火时的通风口，被巧妙地设计成房子两侧的十字窗棂，这样炭火燃烧产生的烟就可以从两侧散去，不会熏到鼎正面坐着的人。而炉子正面两扇可以打开的门，

炉子门口还有守门的人

就是给炉子加炭火的入口。

今天，当我们享受美味火锅的时候，是否会想到，早在三千年前，有一群人就和我们一样，一边享用着美食，一边和家人朋友畅所欲言。

属于西周王朝的神奇用具，远不止阳燧、匕和刖人守门鼎，而它们的共同点就是设计巧妙、实用性极强。就连用于祭祀先祖和宴请宾客的青铜礼器，样式和种类都多了实用性方面的考虑。

和敬鬼神重祭祀的商朝相比，这种社会风气的转变，或许就是西周成为孔子理想国的基础。

青铜双龙耳曲波纹壶

○ 中华民族文化兴盛于周

前人评价青铜时代的夏商周三朝,"夏尚忠,商尚鬼,周尚文"。忠和文都是脚踏实地的品质。

夏的始祖是尧舜时代做司空、平水患的禹;商的始祖是尧舜时代做司徒、讲教化的契;周的始祖是尧舜时代号后稷、教稼穑的弃。这样的出身,就造就了夏周两朝脚踏实地的社会风气。

周人更是从庞大商王朝在短短一天时间里的覆灭,看到了人的力量。于是,周人的精神面貌发生了彻底的转变,他们不再是一副对鬼神虔诚、对人冷漠的面孔,他们充满了创意,致力于改善生活,想方设法地做着各种富有创意的事。

现在,我们可以尽情想象那个时代:从阳燧中取到的热情火焰,在冰冷的金属身边翩翩起舞;手艺精湛的工匠,在庞大的作坊区里,用动物的骨骼雕刻着美丽的骨簪;宽阔而平坦的道路连接着作坊区和贵族的宫室,西周贵族奢华宴会里的种种用具和饰物,就通过这条道路、被宽大的木轮马车源源不断地从作坊区运来,那些马车上的青铜车铃,正在叮叮当当地演奏着西周王朝的盛世华章。

折觥

年代：西周

出土地点：1976 年 12 月宝鸡市扶风县庄白村一号窖藏

　　盛酒器，祭祀用具。折觥造型复杂，把数十种动物造型和上百个纹饰天衣无缝地组合在一起。整体是羊身，器物上安卧着夔龙，夔龙上是一个兽头，兽头上是龙身，腹部是饕餮纹，中间中部是鸱鸟，最下方是象鼻。最有价值的是器盖里的铭文，共六行四十字，记录了折铸此器的缘由。

折觥 西周青铜
文明的载体

三千年前，铸造一件青铜器是一项复杂的工程，需要许多人工精密协作，才能达到成功铸造的种种苛刻条件。今天的我们无法想象，当年那些古人是如何想到把数十种动物造型和上百个纹饰，完美地结合成一个整体的；也无法得知当年为了折觥，耗费了工匠多少精力。

考古队现场测绘

共计出土 103 件器物

现场很多人围观

光编钟就挖出 21 个

编钟摆放很有规律

千年尘土掩盖下的窖藏坑

1976 年 12 月 15 日上午，宝鸡法门镇庄白村的农民在平整土地时挖了宝，于是赶紧找来考古专家。

据原宝鸡市周原博物馆馆长、考古专家罗西章回忆：

"现场有很多人围观，我们跑去一看，已经挖出来一件东西，还挖烂了，其他的都还没动。我拿出我们考古用的手铲，在这一件东西旁边掏了一下，嘿，出现一件；再在北边一掏、南边一掏，又出现了几件。我一下高兴了——这是一个很大的窖藏！"

随后，罗西章兴奋地把探工叫来，经过探测，这个窖藏坑长有 1 米多，宽将近 1 米。

考古队一共挖了七天，光编钟就挖出 21 个，其中最大的有一百多斤重，一个成年人都拿不起来。而且它们的摆放很有规律，大的套中的、中的套小中的、小中的套小小中的，套起来在底下放着，就压不烂……

当千年尘土被一层层剥开时，所有人都激动不已。酒器、食器、乐器……整整 103 件，数量和种类繁多。

不止如此，这些青铜器还给人们带来更多的惊喜。

出土的103件青铜器中，有74件刻有铭文。后来，专家通过对铭文的仔细辨识，发现这些青铜器属于同一个家族——微氏。其中就包括后来鼎鼎大名的史墙盘，还有这件堪称精美绝伦的折觥。

在折觥的盖内和内底部都刻有相同的铭文，铭文记载着微氏家族一个叫折的人，因为受到了周王赏赐的铜和奴隶，特意铸造了这件青铜器，以此告慰父亲的在天之灵。

根据青铜器考古的惯例，这只造型像一只绵羊的觥，因为铸造人折，被命名为折觥。

折觥就是一件青铜盛酒器。

折觥

折觥局部

折觥铭文中的"折"

照片左下角即是折觥

出土的 103 件青铜器中，有 74 件刻有铭文

出土的铜壶

出土的酒器

铜壶里发现三千年前的神秘液体

1976 年，和折觥同时出土的还有两个铜壶，铜壶也是西周的盛酒器。在铜壶中，考古学家发现了三千年前的神秘液体，也许这就是西周的美酒。

今天，我们还在使用的成语"觥筹交错"，就和觥这种青铜酒器密切相关。这个成语最早出现在唐代欧阳修的《醉翁亭记》中，短短四个字，就把宴席之间你来我往、快乐而热闹的场景描绘得淋漓尽致。

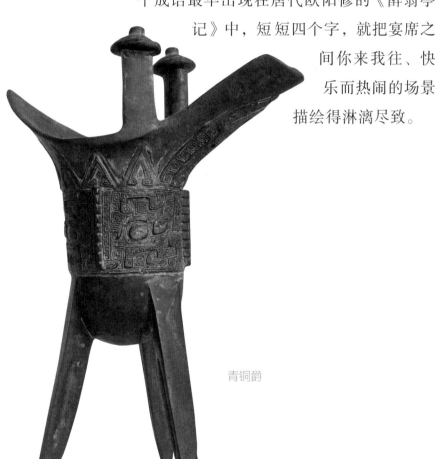

青铜爵

西周，是一个礼乐繁盛的时代，周人十分注重礼仪，随之，他们的青铜用具也根据不同场合、不同身份和不同用途有了纷繁复杂的区分，这使得中国青铜器的种类在西周时期达到了顶峰。

青铜雁尊（盛酒器）

青铜器

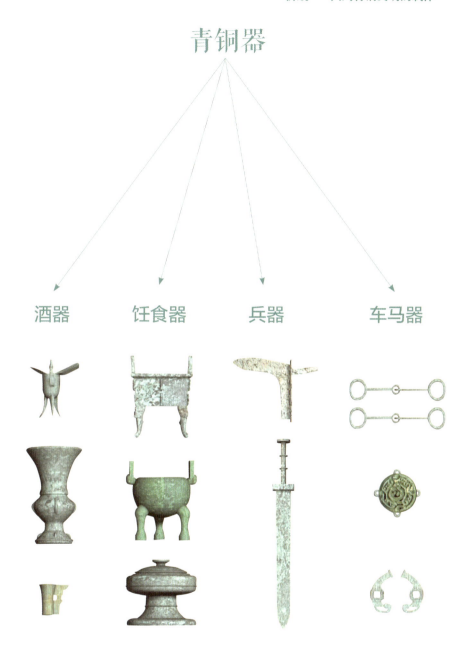

酒器　　　饪食器　　　兵器　　　车马器

青铜在西周进入鼎盛时期

酒，最主要的原料就是粮食，好几斤粮食才能酿造出一斤酒。也就是说，在几千年前，如果没有充足的粮食，温饱都难以解决的时候，就不可能有多余的粮食用来酿酒。

周原地区种类繁多的酒器出现，也印证了在那一时期，这里的粮食十分丰足，农业生产水平已经相当高了。

富足的粮食，甜美的酒浆，城市中相对安逸繁荣的生活，随之也带来了西周手工业制造和艺术创作的繁荣。中国历史上第一部

西周人家复原图

文学作品《诗经》正是在这一时期诞生。而在中国持续了数千年的青铜时代，也在西周进入了鼎盛时期。

青铜文化直到今天依然影响着我们的生活，正如青铜范铸专家董亚巍所说："青铜时代产生了很多历史故事和典故，甚至一些青铜器的名称今天的人们还在使用。比方说，马具上面有一个小小的圆扣子，就叫'节约'。节约有'节制、约束'的意思，今天的人们引申为'节省'的意思。我们的中华文化，实际上是在青铜时代定型的。"

节约

中国历史上
第一部禁酒令

今天，我们通过这些几千年前的器物和史料记载，慢慢走近周人，猜测着他们生活的点点滴滴：或许，美酒佳酿、歌舞升平就是当时贵族生活中重要的组成部分。然而在西周，事实却恰恰相反。

历史学家指出，周人认为商人灭亡的一个主要原因就是所有的贵族都酗酒，这对他们的震动很大。据史料记载，周武王灭商以后，就曾告诫诸侯王及各级官员不能随意饮酒。甚至从周初一直到西周中期，这都是他们社会生活中一个很重要的箴言。

周公时期，更是将抑制喝酒的传统制成法令颁布天下，这就诞生了中国历史上的第一部禁酒令——《酒诰》。

惟天降命，肇我民，惟元祀。
天降威，我民用大乱丧德，亦罔非酒惟行；
越小大邦用丧，亦罔非酒惟辜。

——《酒诰》

周公颁布禁酒令

禁止随意饮酒

限制周王室成员和贵族饮酒

禁酒令让酒器铸造发生明显变化

在《酒诰》中，周公告诫臣民：酗酒必将丧失道德，那些大大小小诸侯国的灭亡，都是过度饮酒造成的祸患，最终的结果就是丧国。甚至颁布法令规定：不要经常饮酒，不能聚众饮酒，只有祭祀时才能饮酒，尤其是限制周王室成员和贵族饮酒。

作为国家政令颁布实施的《酒诰》，表面上看只是限制喝酒的法令，但实际上却是统治阶级统治思想的转变。

也因此，考古专家认为，周朝自此开始强调人性的一面，不再完全依赖神权；他们开始用德治天下，不再像过去那样全凭天意，一味去敬天。

《酒诰》中体现的思想，构成了中国禁酒的主导思想之一，成为后世人们引经据典的范例，但这也只是周公实施礼制的一个方面。

不过，《酒诰》的颁布，却让青铜酒器的铸造，从西周开始发生了明显的变化：商末，酒器还是比较发达的；到了西周早期，炊食器和酒器的比例上发生了很大的变化，酒器数量明显减少；到了西周中期，酒器就减少了很多。

繁复又高超的折觥制作工艺

或许正是青铜酒器在西周时数量上的锐减，导致了其质量和工艺的进一步提升。今天，我们才有幸目睹如此精美的折觥。

两千多年前的一天，受到周王赏赐之后，折把这件荣耀的事铸造在了觥的身上，告慰先祖，祈求保护。可以想象，当金光闪闪的折觥铸造完成之时，它的主人是何等的荣耀！这时，承载着这份荣耀的折觥已经不是一件简简单单的盛酒器了。

折觥第一眼望去，人们都会认为它是一只羊。羊的造型在中国寓意着吉祥如意；羊与太阳的阳同音，太阳赐予人们光明和温暖，促使万物生长，是人们心目中最美好的东西；而羊长相可爱、性情温顺善良，也深得人们的喜爱。汉字在被创造时，凡是和美好事物相关联的字大多都与羊有关，比如：美、祥、善、羡、羞等。可见，折觥寄托了多么美好的期待和祝福。

商周时期，人们很重视祭天和祭祖。吉祥的羊，也是当时祭祀活动中最主要的牺牲品。或许，折觥根本就没有真正地满载过美酒，而是作为一件金属牺牲品，记录着微氏家族在周王朝的显赫地位。

折觥

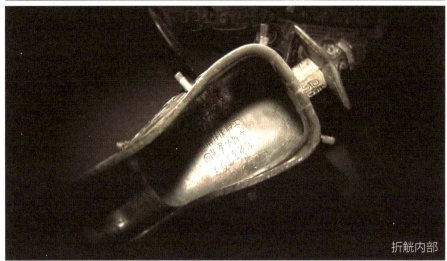

折觥内部

汉字演变过程

甲骨文   金文   小篆   隶书   楷书

夔龙纹饰

折觥这件器物之上的纹饰一共有上百个之多。

从正面观看，它整体是一个羊身；而在器物之上有一只安卧的夔龙；在夔龙之上是一个兽头；兽头之上是龙身蜿蜒而下；于腹部是一个大型的饕餮纹；中间中部是一个勾着嘴的鸱鸟，也就是老鹰；在其下方是卷曲的象鼻。

从已经出土的考古发现来看，商周的青铜器上都装饰有精美繁复的花纹，但是折觥竟然把数十种动物造型和上百个纹饰天衣无缝地组合在一起，这不禁让我们对三千年前的青铜铸造工艺充满了疑惑和想象。

三千年前，铸造一件青铜器是一项复杂的工程，它需要许多工人精密协作，才能成功铸造。不同于今天的人们要做一件青铜器，可以先绘一个图，再利用电脑建模和机械制作，就能实现大批量生产。在三千年前的过去，所有的生产过程全由人工完成，可想而知，要制造一件青铜器，是一件多么不容易、多么复杂的事。

那么，当时的人们是怎么做到的呢？

纹饰图样

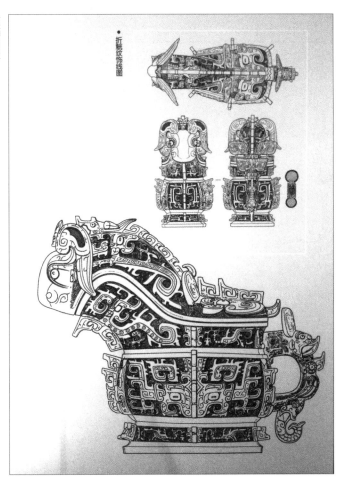

● 折觥纹饰线描图

范线

青铜器上的范线

青铜器——不仅是器物，更是文化

考古专家发现：商周时期是范铸青铜器，即用陶范来铸造；而范铸法制造青铜器最关键的步骤就是制模、翻范和浇铸。

今天，模和范的制作工艺，在现代技术和材料的辅助下变得很容易，而在三千年前，由于材料只有泥巴，所以制作过程异常辛苦，稍有不慎就前功尽弃。

从已经出土的西周青铜范铸遗迹来看，那时的匠人们为了方便铸造，很早就开始分块制作模和范；这样即使其中的一部分制作失败了，只需要重新制作这个部分即可。也正是因为模范分块制作，所以成品上就会留下接缝的痕迹，这也为考古专家鉴别商周青铜器提供了依据——看是否有合范时留下的缝线，有范线即是真品；没有范线则绝大部分是后来铸造的。

范铸法第一步制模

范铸法第二步翻范

折觥从范的结构上来讲，光下面的主体一周共用了7块范。而它的纹饰技术属于商晚期流传下来的三层花技术。光是把折觥上数十种动物造型、上百种纹饰制成模范，就是一项浩繁的工程。今天的我们无法想象，当时的人们是怎么把这些动物造型的纹饰如此完美地结合成一个整体的；也无法得知当年为了完成这件折觥，耗费了工匠们多少心力？！

当青铜范经过最终的烧制，制作好之后，浇铸，成了青铜铸造的核心步骤。熔炼铜水的炉火温度，是成败的关键。

有一个词概括，就是"炉火纯青"，即化铜的时候，熔炼要达到铜水呈现青色的状态，这个时候就可以浇铸了。而那个时候的人们没有温度测量，怎么判断呢？就是看铜水的颜色。铜水被缓缓浇入陶范之中，等待铜水凝固之后，青铜器的铸造就完成了大半。

折觥把数十种动物造型
和上百种纹饰制成模范

炉火纯青

折觥纹饰繁复

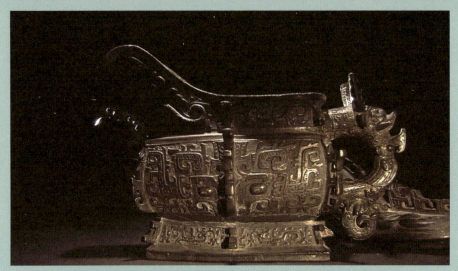

折觥

《周礼·考工记》中记载了古人对青铜器铸造经验的总结：不同的铜锡含量，将铸造出拥有不同性能的青铜器。比如古人在做兵器的时候，铜里面加的锡含量就比较高；锡含量高了后，器物的脆性就增大了，也就变得锋利。

虽然，时间给这些精美的器物披上了古旧、厚重的外衣，但是在属于它们自己的时代里，它们有着可以和太阳光芒相媲美、世间最华丽的颜色——金黄色。两千年前，人们称它们为吉金。

我们今天看到的青铜器的颜色，是这些合金经过数千年的氧化后，呈现出来的青色。

今天，现代工业的流水线彻底改变了人们的生产方式，这些青铜器复制品也被批量生产出来。

但是，在真正属于青铜器的时代里，它们每一件都是独一

折觥及其内部

无二的存在，记录着它们的主人和那个时代的兴衰
荣辱。如果说青铜时代，是我们国家文化定形的时代；
那么青铜器，毫无疑问，就是中华民族文化的载体。
也许，这才是西周青铜器最珍贵的价值所在。

井姬独柱带盘鼎

年代：西周 一级

出土地点：1974年宝鸡市茹家庄 国墓地二号墓

　　温食器。鼎分上下两层，上层为鼎，下层为圆盘。鼎身座立在一根圆柱上，腹底烟炱极厚。盘腹浅，小圆底，盘下有三小短足。鼎腹壁内有铭文两行"弜白（伯）乍（作）井姬鼎"。井姬独柱带盘鼎，立意奇特，造型新颖，西周铜器独此一例。

井姬带盘鼎
西周分封诸侯国的见证

中国青铜器博物院珍藏着一件青铜器，人们戏称它为三千年前的"火锅"。它的考古发现，让西周时期一个神秘古国惊现于世。血腥的人殉、奢华的墓葬，黄土下究竟埋藏着怎样不为人知的秘密？这件器物又有着怎样的传奇故事？

🐸 西周贵族车马坑的发现

井姬独柱带盘鼎

车马坑中的马骨

车马坑中的车轮

三千多年前，周人们陪嫁时都会有一些硬器。这件井姬独柱带盘鼎，样子很像现今的"火锅"。它是周人进行祭祀和宴飨礼制时的一个温食器，下面放炭火进行加热，中间盛放食物，可以说是火锅的雏形了。而它，更是一个神秘古国的王，专门为他的妻子铸造的。

1974年，宝鸡茹家庄的几个村民正在山坡上平整土地，突然，一个人发现了白骨。村民们马上停下手中的农活，开始在周围挖掘，很快，他们又发现了几件绿锈斑驳的铜片。村民们上报给考古专家，考古专家意识到这可能是一个重要发现，于是组织考古队随即进驻了茹家庄。

茹家庄位于宝鸡市西周遗址重点保护区内，在这里，任何一条细微的线索，都有可能将人们引向遥远王朝的神秘宝藏。

时间一分一秒地流逝着，散乱交织在土坑中的遗骨和物件也逐渐清晰起来，一个巨大的车马坑出现在人们的面前。从车的形制、车厢的构造，尤其是铜构件的布局可以判断，这是西周时期的车马坑。

考古专家由此推断，在离车马坑不远的地方，必然有西周的贵族墓葬。

考古现场

考古专家和6把洛阳铲　考古专家正在考古现场

考古现场照片　年轻女孩的遗骸

　　1974年的冬天，寒风凛冽，宝鸡20名考古专家用手中的6把洛阳铲一点点接近三千年前的古墓，与古国秘史结下不解之缘，一场关于千年古墓的探密之旅由此拉开序幕。

　　考古专家们以车马坑为中心向四周扩展，每隔一米钻一个孔，密密麻麻地向周边扩展。果然，在离车马坑30米开外的地方，发现了现在的一号墓，也就是弓鱼伯墓，封闭了近三千年的西周古墓终于重见天日。

血腥的人殉、奢华的墓葬

可是考古现场并没有欣喜的气氛，意想不到的情景出现了。

墓室的二层台上就有7个奴隶，有男有女，大都是青壮年人。墓室里白骨的不规则摆列，呈现出他们三千年前因痛苦而挣扎的姿态。尽管他们身体上被捆绑的痕迹已经随时间而模糊，却终究没有解开他们被禁锢的凄惨命运。三千年来，他们一直伴随主人深埋在黑暗的墓底，不见光明。

这7具尸骨中，最令人毛骨悚然的，是一个年轻女孩的遗骸。她的四肢骨和头骨相隔两米开外，显然女孩的身体被肢解开了。考古专家从抛洒在墓道口的爆竹残片推断：她生前被活活肢解，成为墓道封口时的牺牲品。

考古现场照片

　　如此大规模殉奴的墓葬方式，如此触目惊心的画面，在目前被发掘的西周墓室中还是第一次发现。

　　人殉成为一种社会制度并广泛流行，是在殷商奴隶制国家出现之后。用作人殉的，有相当大的一部分是死者的妻妾宠幸及其亲近的奴仆武士。而在盘庚迁殷以后，人殉制度进入鼎盛时期，用人数量也达到

车马坑

人殉

最高峰；进入周以后，人殉的现象逐渐减少，到西周中后期就已经很少见了。

那么，这个无意中发现的车马坑、令人发指的人殉现象，这座西周大墓的主人究竟是谁？会是史书中记载的某个著名人物吗？

墓室主人身份探秘

为了保持古墓原有的样貌，防止文物在发掘的过程中被破坏，考古专家小心翼翼地清理着现场，时刻不忘拍照、记录。在最初对墓地的勘探中，专家就在地表标出了这座古墓的形状。这个"甲"字形墓的古墓很大，墓室长8米、宽5米多，墓道长28米多、宽3.2米。

1975年1月26日，发掘工作进入到了最关键的部分，已经腐朽塌落的棺椁被清除，墓主人的遗骸终于出现在世人面前。

墓主人的头部、胸部和下肢部等地方都有大量的玉器出土，其中鱼形玉器很多，然后有串饰，包括象征身份地位的璜、小玉璧，还有一些玉戈、玉珪。根据以往考古的经验，有如此规模的墓葬，墓主人生前必然身份显赫。

然而，无论怎样的显赫与荣辱，都无法抵挡时间的遗弃。时隔三千年，墓主人早已化作了一堆骨粉。考古学家只能期望从墓主人这些冰冷的陪葬品中，寻找出证明他身份的蛛丝马迹。

考古专家时刻不忘拍照记录现场

考古专家在现场

棺椁已经腐朽塌落

大量玉器表明主人身份地位显赫

弓鱼 弓鲦

汉字的演变

夔足带盘鼎 局部

青铜器

终于，考古专家在陪葬青铜器——夔足带盘鼎中，发现了有关墓主人身份的珍贵线索，那是一句青铜器上的铭文——强伯作宝尊彝。这种铭文方式在青铜器中很常见，就是一句话交代这是谁使用的器物。

铭文开头的这个字，大家从来没有见过。专家从这个字的右半边，把它读作yú，也就是说，这个簋属于一个被称为强伯的男子。

出土的这套青铜器，是一套以鼎和簋的组合为主的青铜器，又搭配了一套编钟——三件一组的编钟，还有一些酒器。它们表明墓室的主人身份很高，很可能是某个国家地位最高的君主或贵族。人们不禁猜想：在三千年前的西周，陪葬如此高等级青铜礼器的强伯究竟是什么人？

夔足带盘鼎

诸侯国贵族大猜想

在西周时期，被尊称为伯的人，往往是一个方国的君主。茹家庄发现如此高等级而又没有被盗掘过的西周古墓，还是考古界的首例。疑问也随之而来：为何史书对这位强国君主只字未提？

据史料的记载，宗法制和分封制是西周政治制度的两大基石。宗法制的核心是嫡长子继承制；分封制则用来巩固周王朝对广大区域的统治。当时很多封国都会派贵族到都城协助周天子治国，于是，今天的宝鸡地区就有了当时许多封国的采邑。

什么是"采邑"呢？就是周天子赐给贵族的菜园子，贵族在这里吃住生活，作为养活他的物产。因为国家需要人来进行管理，但当时中国社会没有货币，也没有什么东西给人发工资，西周就采取了"采邑"的方式。

根据已知资料，矢国、散国、井国、虢国的采邑都可能在今天的宝鸡附近。然而，更多的封国名称已经遗失，无从考证。对此，考古专家提出一个大胆的猜想：在宝鸡地区发现的强国也许就是那些失去踪迹的西周封国之一。

各封国会派贵族到都城来协助周天子治国

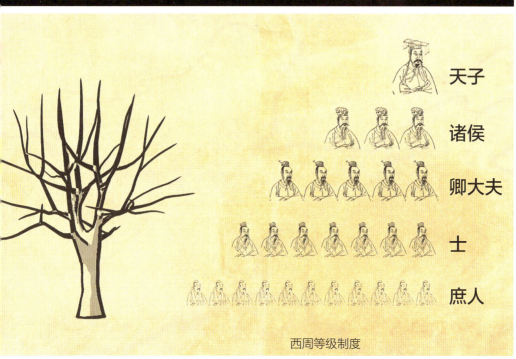

天子

诸侯

卿大夫

士

庶人

西周等级制度

甲字形墓

墓穴出土的玉器

甲字形墓穴中有两个墓室

谁才是強伯的妻子？

这位強伯虽然早已命丧黄泉，他的墓穴却为这个被遗忘的古国留下了踪迹。考古专家需要更多的发现来证实对強国的推测。

经过发掘，人们发现这个甲字形墓中有两个墓室，除了已经发掘的強伯墓室以外，在他的左手边还有一个墓室。

人们在挖掘左边墓室主人的尸骨周围时，发现了许多精美的玉器。墓主人虽然身体已朽，但在尸骨附近的泥土中，还清晰地留有衣饰丝绸花纹的痕迹。精美的玉器和漂亮的衣饰，考古专家判断这个墓室里安葬的是一名女子，她很可能就是強伯的妻子。

考古专家在尸骨头部陪葬的一组简单的青铜礼器中，找到了她的名字——儿。从这座西周古墓一个椁室两个棺室是否可以由此推测：強伯和儿这对恩爱夫妻，生前同衾，死后同穴？

墓穴泥土中留有的衣物丝绸花纹痕迹

青铜铭文上发现"儿"

不久，考古人员又在紧邻的位置，发现了另一座墓室。为了方便区分，之前发现的墓葬被称为一号墓，新发现的被称为二号墓。

对二号墓的清理和发掘工作，紧锣密鼓地开始了。为了不损坏墓室的原始状态，考古专家边加固边操作，并随时记录下殉葬品的位置和详细状态。考古专家发现，二号墓出土的青铜礼器保存得都很完好，器物本身也做得比较厚实，所以基本上没有什么损坏。

在二号墓出土的这件很像火锅的青铜器鼎上，学者发现了这样几个字：弭伯作井姬用。意思是说，它是弭伯专门为一个被称为井姬的人制作的。经考证，今天的"井"字在西周时期通"邢"，是西周一个小方国的名字。因此，专家称它为"井姬独柱带盘鼎"。

井姬独柱带盘鼎分上下两层，下层盘上放上炭，炭火能加温；上边的鼎里边放上肉汤之类的东西，既可以煮，也可以涮，能像火锅一样去使用。

井姬独柱带盘鼎

井姬独柱带盘鼎 局部

二号墓器物比较厚实

一号墓

二号墓

甲室

乙室

一号墓旁发现二号墓

131

周原

"㝬伯作井姬用"这样的铭文在二号墓中出土的众多青铜器上，专家都有发现。原来，茹家庄二号墓的主人是一名被称为"井姬"的女子。

姬，是当时对贵族家女儿的尊称。井姬和㝬伯又有着什么样非比寻常的关系，以至堂堂国君专门为她铸造成套的青铜用具？

史书记载，周公的后裔被封在井国，井侯曾经在周穆王时代，辅佐周天子处理政事，作为手握实权的王室成员，井侯家

强伯作井姬用

族在周王朝中身份显赫。

　　二号墓的主人井姬，极有可能就来自井侯家族。只有出身周王室的井姬，似乎才能配得上强伯国君的身份。另根据铭文，强伯还专门给井姬做了青铜器，陪葬在她的墓室里边。种种证据表明，安眠在强伯右手方向的井姬，才是强伯的妻子；那与强伯合葬的女子——儿，又是什么人呢？

西周男/女铜人

年代：西周 一级

出土地点：宝鸡市茹家庄弓鱼国墓地墓

　　女铜人是半身立像，额顶有三叉形铜发饰，双手握圆环，做舞蹈状；男铜人是全身立像，袍服束宽带，前腹悬长条形"蔽膝"，双手似有所握，呈圆环状。铜人可以插立于木座上，可能与祭祀或巫术活动有关。

青铜立人像

西周神秘诸侯国
王室谜团不断

车马坑、墓室、白骨……考古学家试图揭开三千年前神秘古墓主人的身世之谜，却陷入了重重困境。一个神秘古国遗失的记忆、一段触目惊心的王室真相，千年谜团如何破解？神秘古国又去往何方？

三星堆青铜大立人

墓主人身世之谜揭开

三星堆博物馆的国宝之一——青铜大立人像，它最吸引人们眼球和无限猜想的地方，就是一双呈抱握状的双手：抱握的是什么？这个姿势中隐藏着什么秘密？

无独有偶，人们在中国青铜器博物院展出的一堆西周青铜小器物中，也看到两个非常独特的小青铜器，它们手部的造型跟三星堆出土的器物非常相似。这两个小青铜器就来自茹家庄墓室。

抱握姿势中隐藏着什么秘密

　　1974 年的冬天，陕西省宝鸡市茹家庄的黄土台塬上，意外发现了一座三千年前的神秘古墓。车马坑、墓室、白骨，考古学家试图揭开墓主人的身世之谜，却陷入了重重困境。二号墓的发现，推翻了考古学家对一号墓是夫妻合葬墓的推测，那么一号墓中和強伯亲密合葬的儿，究竟是什么人呢？

黄土台塬

墓室

　　考古专家意识到一号墓有一个很不寻常的地方：一号墓中強伯的墓室和儿的墓室是一个整体，它们之间用一个大椁板隔开。因为它的椁盖和隔墙是一个很完整的结构，也就意味着，一号墓是同时下葬的。而勘测二号墓时发现，井姬墓是后来建造的。

　　同时下葬，就意味着同时死亡。如果不是意外发生，有多少夫妻会同时死亡呢？问题又来了，如果強伯和儿是夫妻，那井姬为什么死后要安葬在強伯身边呢？

井姬墓发现的女铜人

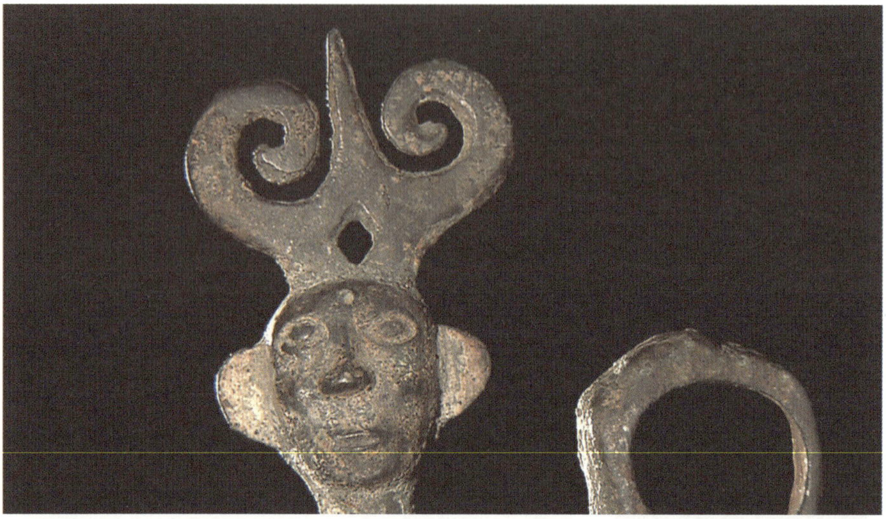

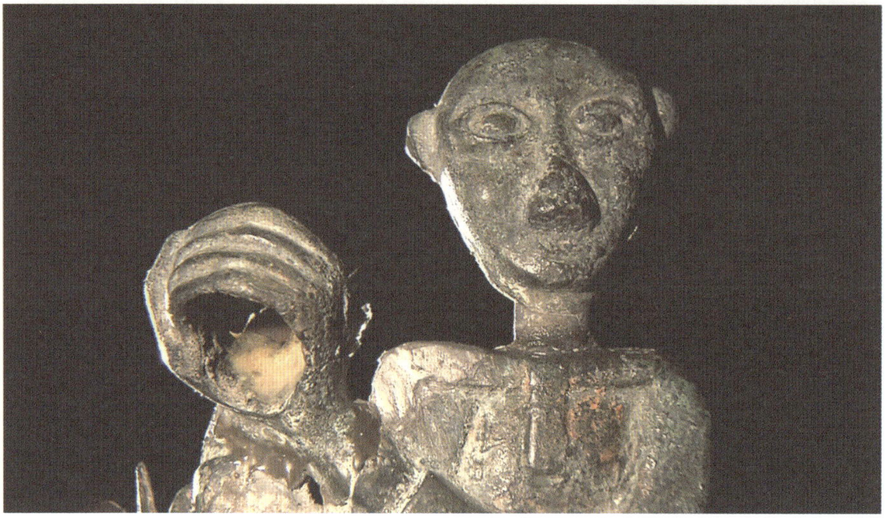

強伯墓发现的男铜人

一号墓

二号墓

井姬

儿

弜伯

二号墓即井姬墓

山形冠铜人

在井姬墓中，最先出土的就是这个头上的冠像山字形的铜人像，它也因此被称为山形冠铜人。考古专家在清理弜伯墓室中的陪葬品时，也发现了一件铜人，它和山形冠铜人一大一小，都有圆圈状的手，面相一男一女，似乎是一对，因此也被称为男相铜人和女相铜人。

再根据井姬墓中陪葬着大量强伯为她制作的青铜器，考古专家就不难确定井姬与强伯是夫妻的事实。也由此推测，和强伯同时下葬的儿，很有可能只是一个陪葬的妾。

西周时期，周天子根据血缘亲疏，将天下的土地分封给各个诸侯，建立了众多方国，这些方国成为西周开阔疆土、守卫王室的力量来源。

我们可以猜想，强国就是其中的一员。为了巩固自己的地位，强伯试图通过联姻寻找依靠和联盟，于是他看中了井侯家族的女儿——井姬，她是周公的后裔。

强伯死后，强国自然不会让身为周王室成员之一的井姬为强伯陪葬。于是，悲惨的命运就降临在儿妾的身上，她被残忍地殉葬了，从此在暗无天日的地底陪伴了强伯千年的光阴。

强伯下葬多年以后，井姬寿终正寝，才被隆重地安葬在了强伯身边。

一座三千年前的神秘古墓，由此成为我们窥探西周分封制度的窗口。

井姬盂绹

周原

強伯、井姬和儿

井姬孟缟 局部

143

 发现弸国君民长眠之地

青铜器主人叫季

考古专家由此猜测：如果弸伯、井姬、儿妾真如猜想一般真实地在历史中存活过，那么弸国历代国君和臣民的长眠之地，很可能就在附近。

也许一切都是巧合，也许一切都是注定。很快，考古队就有了新的发现。

144

坟墓

1976 年，距离发现强伯墓的茹家庄只有大约三千米距离，竹园沟村的村民找到考古队，说他们在平整土地时发现了青铜器。考古队来到竹园沟，并

出土的青铜器

很快在这里勘测到了大规模的墓葬群。

墓葬群的发现，意味着可以完整还原古人的生活习俗和社会状况，甚至可以呈现出一个国家的缩影，这对于考古工作来说意义非凡。

竹园沟最终发现了 22 个墓葬。墓葬的规格并不统一，有些墓葬很简陋，只陪葬着奇怪的石头；有些墓葬很豪华，并与茹家庄强伯墓出现了惊人的相似。

其中，四号墓、七号墓和十三号墓，规模都比较大。而且在墓的左手侧都有殉妾的现象出现，也有简单的陪葬品，比如说一些简单的玉器和青铜礼器。

专家们在竹园沟四号墓陪葬的青铜器上发现了强国的踪迹，它的主人称强季。

考古遇到瓶颈

青铜展件

　　看来，学者们对于曾经存在过强国的猜测是正确的，在竹园沟发现的墓葬群正是三千年前强国子民的长眠之所。而他们活动的年代要比茹家庄强伯早，属于西周中早期。

　　竹园沟墓葬群的发现，证实了强国的存在。不过对于这个消失了的古国，还有许多谜团没有解开：它从何而来，又消失在何方？我们能否追随着这些青铜器，回到三千年前的强国，

146

青铜展件

和它们一起目睹那个盛世青铜王朝？

　　然而，对强国的考古工作至此突然像断了线的风筝，失去了线索和方向。考古队苦苦搜索，却一无所获，就这样4年过去了。

　　1980年秋天，考古专家突然接到消息，纸坊头村出现了大量青铜器。纸坊头村，距离之前发现强国墓葬的茹家庄和竹园沟很近。

村民侯万春家的窑洞上方，就是当年发现青铜器的地方。据老人回忆，当时连续几天都在下大雨，老人不敢在窑洞里住了，果然过了几天窑洞就塌落了。老人发现了窑洞上方有大量青铜器摔落了下来，其中还包括一些陶器残片。老人心里很紧张，他知道这是宝物，赶紧把它们放在了自家的楼上，并把这个消息报告给宝鸡市博物馆。

　　考古专家赶到侯万春老人家里，看到这批器物一下子就惊呆了，器型非常漂亮而且很宏大。考古专家随便拿起一件就是四耳方座簋的簋盖，翻开一看，上面的铭文清清楚楚地写着："弓鱼伯作宝尊簋"。

　　经过清理调查，在纸坊头长眠的也是弓鱼国一位身份显赫的君王，从年代上判断，他正是茹家庄弓鱼伯的先祖。

　　至此，考古专家在宝鸡地区已经发现了三个属于弓鱼国的墓地。从时间顺序来看，纸坊头距今最远，接下来就是竹园沟，最后是茹家庄。

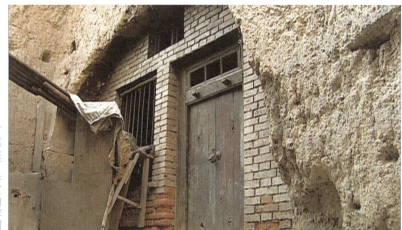

村民侯万春家的窑洞

四耳方座簋

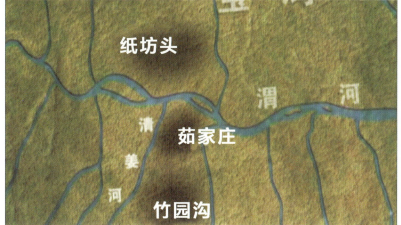

纸坊头

渭　河

清美河

茹家庄

竹园沟

弜国墓地发现地

伯甗

趣味知识

　　西周弢国墓地位于陕西省宝鸡市区的南部和西部，于1974—1981年发掘，墓地包括茹家庄、竹园沟、纸坊头3处，共发掘墓葬27座、车马坑2座、马坑4座。

　　墓作甲字形或长方形土坑，以木棺椁为葬具。一些大墓的男性墓主都有殉妾，有的还有殉奴。葬式一般为仰身直肢葬，殉者或屈肢，或被肢解。车马坑每座各有车3辆、马6匹。马坑殉马214匹。这些车马坑、马坑都是附葬于主墓的。

井姬龙纹鼎

　　其中茹家庄 1 号墓殉妾 1 人，殉奴 7 人，周围有车马坑 2 座、马坑 1 座。该墓主人和妻井姬异坑并列而葬，是夫妇并穴合葬最早的墓葬之一。

　　共出土随葬品 2675 件，某些青铜器上铸有"弦伯""弦季"字铭。该墓地的发现对研究西周方国制度、弦国历史和青铜器组合等方面都有重要的学术价值。

车马雕塑

西周四耳簋 局部

　　从器物上看，与之前两个强国墓地出土的青铜器相比，纸坊头的青铜器，器物大，制作极为精良，纹饰华丽细致，器型古朴庄严。

　　考古专家分析了纸坊头强伯的青铜器，认为强伯是迄今为止宝鸡地区发现的第一代强国国君，他的活动年代在周文王晚期到周成王初年。

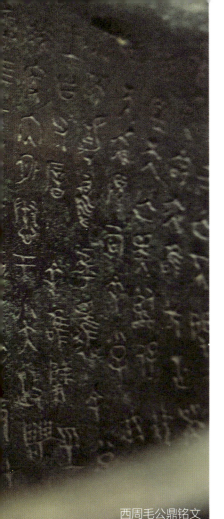

西周毛公鼎铭文

为什么时间靠前的青铜器反而更精美呢？

专家指出，西周青铜器依西周王世分为3期：从周武王到周昭王相当于西周早期；穆王到夷王相当于西周中期；厉王到幽王相当于西周晚期。

西周早期，不论是从器型上或者从铸造技术方面，都是商代铜器的继承发展。这个时期的青铜器，仍保持着商代常见的以族徽制铭的传统，同时出现了记史颂祖敬王的长篇铭文，具有明显的商文化特征，字体多有明显的波磔；铜器形制上也庄重典美，花纹凝重静谧，代表了中国青铜器鼎盛阶段的发展水平。

西周四耳簋

𢀀国是西周分封诸侯之一

那么，这个在文王晚期突然兴起的𢀀国，究竟从哪里来呢？人们对𢀀国的探寻又陷入了未知的谜团。

在纸坊头𢀀国墓地发现6年以后，1986年，四川广汉三星堆，发现了神秘的三星堆遗迹，两地竟然发现惊人的相似点！一个地处秦岭北麓的宝鸡，一个位于秦岭以南的巴蜀，这是历史的巧合，还是有某种未知的联系？

武王十一年一月癸巳日

周师发伐纣

庸蜀羌……同

——《汉书·律历法》

据史料记载，武王伐纣的时候，联合了五六百个小国，其中就有古蜀国。所以有人猜想，三星堆就是古蜀国的遗迹。古蜀国的灭亡正是因为蜀王发兵，和周王朝一起讨伐商纣，由此国中空虚，蜀地的其他方国就合力将它灭掉了。

三星堆博物馆

青铜大立人发掘

惊人的相似

　　或许今天人们所看到的这些三星堆遗迹，就是古蜀国被砸断、焚烧的祭祀用具。

西周青铜编钟

由此，考古专家推测：强国很有可能是在西周初期的时候，从秦岭以南的巴蜀地区穿越过来，参与了灭商战争。也正因为这些小国参与了灭商战争，在战争结束后，周王室论功行赏，将他们分封在了宝鸡和秦岭的北麓，在渭河水边给强国开辟了一个势力范围。

现在，我们可以猜测，远道而来的强国被分封在宝鸡一带以后，也许开始并不适应周人的习俗，但是为了能在这里生存下去，他们只能遵从《周礼》。于是，在已发现的强国墓藏中，我们看到这些规范的西周青铜礼器。

也不难想象，为了搞好关系，历代强国的君主如何积极迎娶周王室的女子为妻，又如何想方设法把自己的女儿嫁过去。

他们的这种努力没有白费，我们在纸坊头初代强伯陪葬的华丽青铜礼器中，看到了强国在西周初年的无限风光。

 ## 強国为何突然消失？

　　然而，強国为何却突然在西周中期，
也就是周穆王之后，消失了踪迹呢？

　　目前，宝鸡地区已发现年代最晚的強
国遗迹，就是穆王时期的茹家庄三号墓。

而在已发现的弓国墓地，甚至历代盗墓消息中，人们一直未能找到穆王之后有关弓国的任何踪迹。

值得一提的是，茹家庄三号墓很奇特，从墓葬形式来看级别很高；墓室建造非常宏大；但是这个三号墓发掘到最后，除了在三号墓墓室的夯土层中，发现了一具人骨外，竟然什么东西都没有。这是一座空墓！

据考古专家描述，夯土层中发现的人骨，两个前臂蜷缩，与脸和脖子放在一块，可以看到很明显的捆绑痕迹；他的下肢部，腰间有捆绑的痕迹，两个脚也有用皮条捆绑的痕迹。

三千年过去了，人们无法穿越时间去探知当时到底发生了什么，只余这座宏大的空墓，引发了无限的遐想——是弓国的子民终于重归了故里，还是败在了方国间的争斗之中？

也许，他只是一个被活殉的奴隶，孤独地等待着他再也不会到来的主人。

也许，他就是弓国末代的君王，绝望地目睹了自己王国的终结。

弓国，成为西周王朝引发人们无数猜想的一段传奇。

周原遗址

墙盘（又称"史墙盘"）
年代：西周恭王时期
规格：整体通高 16.2 厘米、口径 47.3 厘米、深 8.6 厘米
出土地点：1976 年，陕西省扶风县庄白村

时隔三千年，我们今天看到的有关西周王朝最直接的档案记录，都来源于他们当年铸造在青铜器上的这些铭文。

每一件铸有长篇铭文的西周青铜器，都是一部有关那个王朝的珍贵档案记录，这是西周王朝所特有的现象，也是西周青铜器最有价值的地方。

从这些档案中，我们可以对这个王朝一探究竟。

青铜器铭文
西周王朝
最直接的档案记录

三千年前，龟甲和兽骨被用来记录有关占卜的信息。然而，要详细记录一件大事，龟甲和兽骨的面积实在太有限了，也似乎不够庄严和坚实。于是，三千年前的周人，想出了一个特别的办法——他们把发生在自己身上的重要事件，用长篇铭文的形式铸造在青铜器上，并希望用这种方式把自己的功绩永远保存下去。

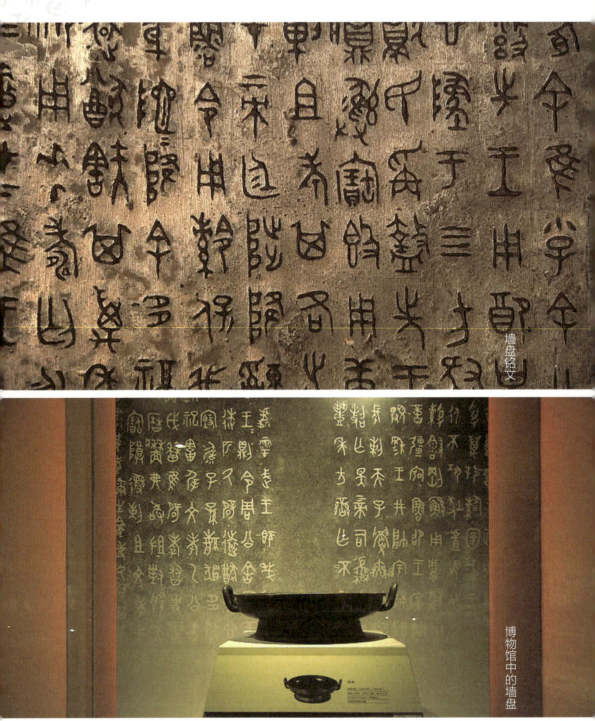

墙盘铭文

博物馆中的墙盘

隐藏西周王室家族的惊天秘密——墙盘

墙盘，西周铜器，因墙在周朝做史官，因此又被称作"史墙盘"，1976年出土于陕西扶风（今宝鸡市扶风县），藏于陕西扶风周原文物管理所。

墙盘型巨大，底部铸有铭文284字，腹和圈足分别饰凤纹和兽体卷曲纹，雷纹填地，圈足有折边。铭文前段颂扬西周文、武、成、康、昭、穆、恭七代周王的功绩，后段记叙微氏家族高祖、烈祖、乙祖、亚祖、文考和做本盘者自身六代的事迹。

墙盘所记述的周王政绩与司马迁的《史记·周本纪》中的内容非常吻合，关于微氏家族发展史部分的内容则并不曾见于已知的文献，填补了西周国史微氏家族的一段空白，属于重要的历史资料。

墙盘内铭文

发现三千年前的青铜器窖藏

1976 年冬天，宝鸡市法门镇庄白村的村民在平整土地的时候，发现了庄白一号窖藏。当时村民在挖土时突然发现下面有青铜器，于是立即停止挖掘，并向考古队报告。

以往发现的青铜器窖藏，都在考古学家介入之前被挖掘和移动，这样不但破坏了窖藏原来的样子，就连窖藏文物的数量都不能确定了。但是这一次，窖藏一发现，就立刻报告了考古队，经过科学的考古发掘，我们终于看到了这个青铜器窖藏在三千年前被埋藏时的模样。

庄白一号窖藏的容积，仅相当于现在两个冰柜那么大，然而，在如此狭窄的长方形土坑中，竟然埋藏着 103 件青铜器。

这个窖藏基本是长方形的，土坑的底部撒了一层草木灰，对铜器的保护起了一

庄白窖藏挖掘现场

庄白窖藏出土的青铜器

　　定的作用。

　　窖藏上下分为三层，大件的铜器里套装着小件的铜器，这样空间占得小，窖穴挖的面积也比较小。

青铜器上的铭文

贵族洗脸的器具

根据其中 74 件青铜器上的铭文判断，这个窖藏属于一个叫微氏的家族，有关西周王室的一部秘密档案就在其中，它的名字叫墙盘。

盘，是青铜水器的一种，圈足、敞口、浅腹，腹外有双耳。盘和一种叫作匜的器具是一套，二者需要配合在一起使用。当时人们洗脸叫作沃盥，类似于我们今天在水龙头下冲着洗脸，盘和匜在当时就是用来洗脸的。

《礼记·内则》中详细记载了盘和匜在盥礼过程中的使用程序：

进盥

少者奉盘

长者奉水

盥卒授巾

这次在窖藏里挖的墙盘，底下的花纹全部磨完，说明它是因为长期在头上顶着磨掉的，由此可以断定，《礼记》中记载的盘和匜的盥礼过程是可信的。

它的大概意思就是，主人在洗脸的时候，年轻的侍者跪在地上把盘顶在头上，年纪大的侍者把匜端的水给主人浇着洗，还有一个侍者拿着毛巾等候主人洗完之后递上去。

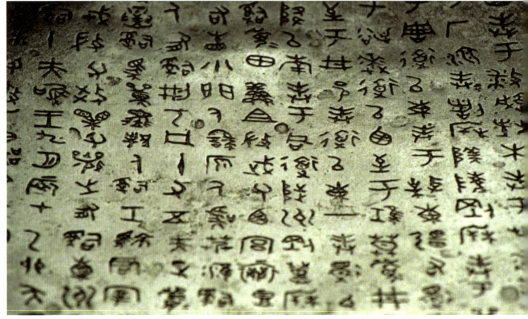

散氏盘铭文

记录古代重要契约

　　除去实用功能，根据《战国策·赵策》的记载，青铜盘还常常被用作记录重要的契约。

　　这是目前出土铭文最长的盘，名叫散氏盘，现藏于台北故宫博物院，它早在清乾隆年间就出土于陕西宝鸡地区。

　　散氏盘内共有357字的铭文，铭文内容是西周晚期两个小国边界议和的契约。

散氏盘

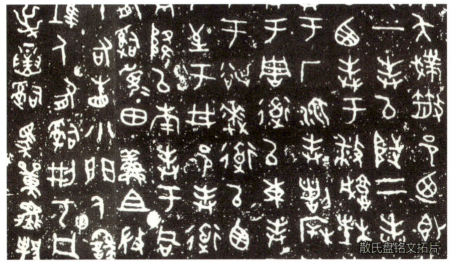

散氏盘铭文拓片

司马迁写《史记》

　　墙盘铭文数量虽然没有散氏盘多，但是18行284字铭文中蕴含的价值，丝毫不比散氏盘逊色，正是这些铭文记载的内容，让我们对三千年前的西周王朝，有了更清晰的了解。

追述西周七王一生的功绩

据司马迁《史记》的记载，西周一共经历了十三代王的统治。但是，司马迁写《史记》的时候，距离西周建立已经过去了九百多年，这么长的时间里可能发生太多的事情，谁也不能确定《史记》记载的历史是不是真实的。

然而，墙盘的出土，有史以来第一次把西周人亲手记录的王室档案摆在了我们的面前。

墙盘铭文的第一段，追述了西周的文王、武王、成王、康王、昭王、穆王、恭王这七王一生当中主要的政治功绩。

> 文王、武王——征伐商纣
> 成王——以法治国
> 康王——分封诸侯
> 昭王——南征荆楚
> 穆王——殷勤执政
> 恭王——继承基业

三千年前的王室密档中，记录着西周前七位王叱咤风云的政治生涯。在那个英雄辈出的年代里，他们站立在权力的巅峰，影响着整个时代。

就在墙盘铭文重见天日的那一刻，司马迁中有关这段历史的记载被印证了。我们不禁对这位秉笔直书的史官又多了一份崇敬之情。

周原遗址车马铜像

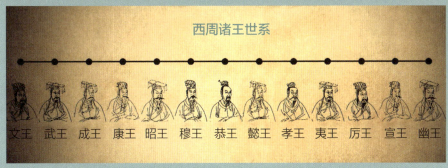

西周诸王世系

文王　武王　成王　康王　昭王　穆王　恭王　懿王　孝王　夷王　厉王　宣王　幽王

记载微氏家族的源起

而墙盘后半部分铭文记载的内容，司马迁在《史记》中从未提及。

墙盘的主人——墙，生活在西周中期的恭王时代。墙是西

微氏家族复原图

忠心耿耿的比干被挖了心

直言进谏的箕子被关进了牢狱

周的史官，所以他也被称为"史墙"。墙在墙盘铭文的后半部分中，追述了自己所属的微氏家族史。

铭文中记载了微氏家族的源起，每一代的先祖都有哪些功绩等，这在过去的史书上是没有记载的。

在这短短135字近乎白描的记述中，隐藏着属于微氏家族的惊天秘密。

在墙盘铭文中，墙称自己的先祖为"乙祖""祖辛"，根据河南安阳殷墟出土的大量甲骨文记载，"乙祖""祖辛"是商族人对自己祖先特有的称呼方式。

墙所属的微氏，历代都是西周王室重要的史官，负责记载王室历史，专门为王室服务。谁能想到担当如此重任的微氏家族竟然是商族人，而商族人的天下正是被西周推翻的。

史官，如此重要的职位，西周王朝怎么敢任用被自己灭了国的商族人呢？

微氏是当时著名的商族之一。在《封神演义》中，纣王身边重要的三大臣之一——微子启就是微氏。结果忠心耿耿的比干被挖了心，直言进谏的箕子被关进了牢狱，微子启一看大事不妙，便匆忙逃离了都城。

河南安阳殷墟出土的甲骨文

　　微氏家族的第一代先祖是微子启，他是商代的贵族。由于商王暴政，他们不得不离开家园，来到岐山脚下的周原，投奔了武王。武王就在周原给了他们一些土地，这些人的后人就是第二代列祖。

　　墙的先祖在投奔西周之前就是史官，到了周原之后，周王任命他继续做西周的史官。他们把商朝的先进文化，也传入西周，这对西周是一个很好的借鉴。

　　只有足够坚定的信念，才能无所畏惧；只有足够宽广的胸怀，才能不猜疑。

　　从周人先祖掌管农业的弃开始，到古公亶父带领族人迁居周原，再到武王伐纣、周公制礼，周人一直在用一种务实、开放的态度生活。

　　正是这种务实开放的生活态度，使周人一方面摒弃了商王朝求神问鬼的风气，另一方面也继承了商王朝所有的技术和人才。从西周精美的青铜器上，我们可以清晰地看到这种继承。

　　也许，当年有很多家族都和微氏家族类似，他们并没有因为改朝换代被排斥，而是被周王室所接纳，凭借着自己的一技之长，找到了自己的位置，甚至越来越兴盛。

　　这 103 件精美青铜器，就在为今人讲述着西周时期，属于微氏家族的荣耀。

青铜爵

庄白窖藏出土的青铜器

　　墙盘的铭文不但印证了史书中的记载，也让三千年后的我们，体会到了一个王朝宽广的胸怀。

　　这种宽广的胸怀，没有随西周王朝的陨落而消失，它传承了下来，并在唐朝达到了鼎盛。

　　经过数千年，这种兼容并蓄融入了中国人的血脉。

　　记录这段历史的墙盘，被学者们誉为"青铜史书"。

速盘局部

 铸刻西周全部的周王世系——逨盘

逨盘通高 20.4 厘米，口径 53.6 厘米，圈足直径 41 厘米，腹深 10.4 厘米，兽足高 4.2 厘米。盘为盛水器，一般与匜配套使用。为方唇，折沿、浅腹、附耳、铺首，圈足下附四兽足。腹及圈足装饰窃曲纹，辅首为兽衔环。

盘内底铸铭文 21 行，约 360 字，记载了单氏家族八代人辅佐西周十二位王（周文王至周宣王）征战、理政、管治林泽的历史。

逨盘对西周王室变迁及年代世系有着明确的记载，第一次印证了《史记·周本纪》所记西周诸王名号，对夏、西周断代工程所拟的西周宣王年表做出了检验。

逨盘

宝鸡市杨家村窖藏出土的青铜器

又一部青铜档案重见天日

青铜史书墙盘，记录了西周前半段的历史，那么，会不会还存在着一部档案，记录西周后半段的历史？学者们也没有想到，一句玩笑式的猜想，真会在墙盘发现 27 年后变为现实。

2003 年 1 月 19 日下午，宝鸡市杨家村的村民发现了一窖藏。据村民回忆，当时他们在取土的时候，一掘头下去，挖了一个洞，几个人从这个洞口向下看，窖藏保存得十分完好，铜器刚被发现时都是金黄色的。铜器体积很大，它们完完整整、一层一层地摞着，摆得整整齐齐。他说自己做考古工作几十年了，从没有见过这种场景。

这 27 件器物上面全部有铭文，这个是在以前发现的青铜器窖藏没有的。

当其中一件精美的青铜盘从土窖的一角露出来的时候，考古学者的心情彻底飞扬了起来。它通高 20.4 厘米，口径 53.6 厘米，圈足直径 41 厘米，腹深 10.4 厘米，兽足高 4.2 厘米，重达 18.5 千克，名叫逨盘。

据司马迁《史记·周本纪》的记载，西周一共经历了十三位王的统治，这次出土的逨盘内 21 行 372 字的铭文中，清晰地铸刻着前十二位王的排序，也就是说，除了西周末代那个烽火戏诸侯的周幽王以外，逨盘记载了西周几乎全部的周王世系。

时隔 27 年，考古学家曾经猜想的另一部青铜档案终于重见天日。

逨盘铭文细节

西周古城复原图

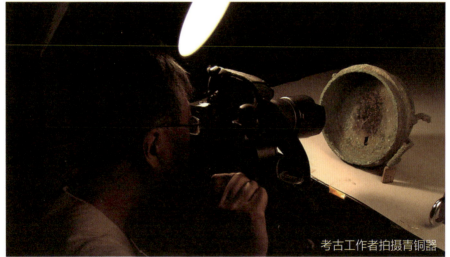
考古工作者拍摄青铜器

以家族见证王室荣耀与兴衰

速盘的铸造者——速，属于一个名叫单氏的家族。

说它是家族，其实它从侧面反映出周王的排序。我们目前所知的排序都是根据史籍中的记载得知的，而这个则是以当事人的形式，一代一代对王有一句话的评价，并有他的世系称号。它记载了这个家族的族人是如何辅佐这十二代王、这十二代王是如何管理国家的。这份史实资料，非常难得。

宝鸡地区已发现的青铜器窖藏，多半都是西周晚期的，那时社会动荡，西周即将灭亡。

当时很多贵族准备逃走，临走之前把家里的青铜器仓促埋藏起来，幻想若干年后回来，还可以重新挖出来。结果，他们再也没有回来，这些珍贵的青铜器，就留到了现在。

逨，生活在周幽王父亲宣王统治的时代。那时，西周王朝已经开始了不可挽回的衰落，但还没有到最后那个社会动荡的时期。所以，窖藏的逨盘，应该并不属于逃跑之前所埋，而是存放于自家的"储存仓库"。

这两个两千多年前的青铜盘，记录着西周两个家族的荣耀，也记录着西周王室的荣光。时隔两千多年，它们把周人亲手记录的生活点滴，呈递到今人的面前，为我们翻开了西周王朝的珍贵历史档案。

彧簋

年代：西周穆王时期

规格：通高 21 厘米，口径 22 厘米，腹深 12.5 厘米

出土地点：1975 年，陕西省扶风县白家村

青铜档案
隐藏周王朝兴衰的秘密

在西周时期，什么人才有资格制作青铜档案？

他们如何把字铸造到青铜器上？

三千年前的先祖们，把文字刻铸在青铜器上记录生活。

今天，我们能否在这些铭文中破解属于那个时代的秘密？

墓葬

一份三千年前的军事报告

从墓葬中发现的"宝贝"

1975 年农历二月初二，正是春耕时节。宝鸡市扶风县一位村民一大早就套着牛在犁地，快到早上八点钟的时候，拉犁的牛突然拉不动了，犁头好像被什么东西卡住了。他使劲给了牛一鞭子，可是牛仍然不动。他发现犁的铧尖扎在一个盖子里了，他意识到下面可能是个宝贝，便叫来周围的农民一起挖。

据后来博物馆的专家实地考察，村民发现的宝贝实际上是一个墓葬。

当时村民们一连挖了 14 天，他们用架子车把挖出的"宝贝"拉到了保管处。经过清点，这次发现的器物一共 18 件，器物包括鼎、簋、盘、盉、壶、爵、觯（zhì），以及兵器戈、斧、殳等。其中有 8 件器物带有铭文，铸造者名叫"伯威"（dōng），因此被称为"伯威器"。

134 个字再现三千年前的战争始末

而其中最有名的一件叫"■簋"，它的造型在商周青铜器是非常罕见的。

■簋通高 21 厘米，口径 22 厘米。顶盖和器身分别装饰有两对花冠凤鸟，两两对峙。凤鸟花冠上的长羽错落有致地飘垂在胸前尾后，显得十分华贵。■簋双耳的造型，是一对昂首竖冠的凤鸟，灵巧活泼的姿态，使原本严肃的青铜簋有了一种特别的神采。

打开盖子，■簋的内底和盖内对称铸有 11 行 134 字铭文。虽然只有 134 个字，却把三千年前的一场战争始末记录得清清楚楚。铭文的大致含义是：

戎夷侵犯我王的疆土，
我与王的勇士们一起在棫（yù）林追击，
感谢先母的护佑，我们大获全胜。
这次出击斩杀了 100 个敌人，
俘获 2 人，缴获兵器盾、矛、甲等共 135 件，
救回了被敌人掳走的 114 人，
我在战斗中没有负伤，
感谢先母对我的护佑。

■簋

彧簋盖内铸有铭文

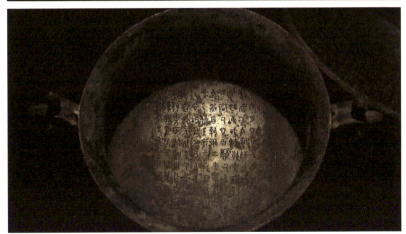

彧簋底部铭文

　　这场战争的大致经过，是西周的东南方有一个淮夷骚扰西周边境，周王派大将彧出击，两军在叶这个地方，也就是今天的河南叶县短兵相接，最后，西周取得了这场战争的胜利。彧认为是他母亲的功劳，所以做了这件东西来告慰他的母亲。

传世的夨器较多，历史上有记载的就有 8 件。

夨家族青铜器上的铭文内容大致都是与战争有关的，而且记载的战争也都是跟淮夷对战。

这个夨究竟是什么人呢？经专家研究，认为"夨"很可能是西周时期录国国君，在周穆王时期效忠王室，参加了征伐淮夷的战争。

淮夷是商周时期生活在我国东部的黄淮、江淮一带的古少数民族。夏朝以前生

活在今山东、河北一带，也称东夷。上古传说，东夷部落首领蚩尤率领部众，与炎黄部落在涿鹿交战，东夷大败。部众一分为二，一部分融入炎黄部落，另一部分则南迁至淮河流域一带定居，始称淮夷。

彧簋盖内的铭文

古代战争剪影

制作青铜器

制作青铜器是身份的象征

代表周王室征讨淮夷的彧，必然是当时很有身份的人。那么在西周时期，究竟什么人才有资格留下我们今天看到的这些青铜档案呢？

我们看到的墙盘、逨盘都记载着家族辉煌的历史，大量的周人铜矿很可能来源于湖北铜绿山一带。从那么远的铜矿开采、冶炼，再把铜饼拉过来，并不是一件简单的事情。因此，铜在西周时期是一般老百姓享受不起的稀有物资，能够制作青铜器同时也是身份的象征。

作为王公贵族们的专利，这些青铜档案中自然记载着王公贵族们的大事。对于今天的人们来说，我们可以通过这些珍贵的记载，了解西周社会生活的各个方面。

从戜簋这份"军事报告"中，发现兵器有七八种，还有防护装备、铠甲、头盔等，通过这些就可以了解西周时期的武器和战争中的保护设施。

在已经发现的青铜器铭文中，有许多字就和兵器有关。而如何把铭文铸造在青铜器上，其实原理也很简单。

鄂州市博物馆的青铜范铸专家告诉我们，青铜器上的一些凹纹和铭文在制造上没有区别，人们只要能把它做成"凹"的形状，就可以做成字的形状。

通过这些铭文，对外，我们可以了解西周的军事状况；对内，我们还可以了解西周的法律制度。

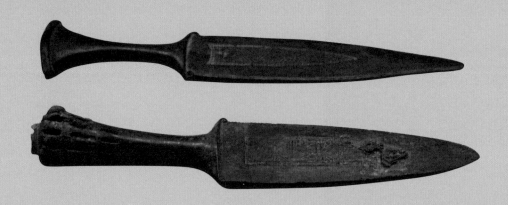

西周出土的兵器

还原西周时期的百姓生活

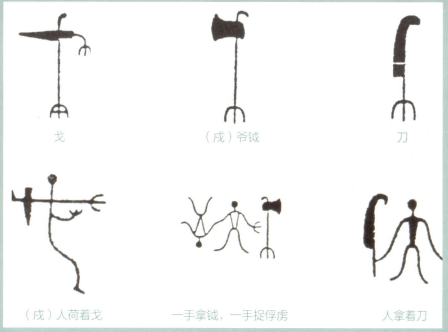

戈

（戌）爷钺

刀

（戌）人荷着戈

一手拿钺，一手捉俘虏

人拿着刀

一份三千年前的法律判决书

中国第一部"青铜法典"

这件珍藏在中国青铜器博物院的器物，通高 20.5 厘米，长 31.4 厘米，外形像一个站立的小动物。宽宽的头，鼓鼓的腹，四只羊蹄形的兽足，器物后部的半月形錾（pàn），恰似一个小尾巴。

这种器形是青铜器中的匜，是和盘配合使用的水器。在祭祀和宴飨时，古人用匜浇水，用盘盛接，实行盥礼，洗净双手的污秽。

而谁能想到，这个憨态可掬的小家伙，竟是中国第一部"青铜法典"。

其上铭文完整地反映了西周时期的一次法律诉讼的全过程，是一个很完整的案例。

倗匜

僸匜的铭文完整地反映了西周时期的一次法律诉讼的全过程

僸匜用来盥洗

俫巴细节

周秦文化研究专家祁建业为我们还原了整个官司：

这件青铜匜因为铸造者师𠑇（zhèn）被称作“𠑇匜”，师𠑇就是这场官司里的被告，原告叫牧牛，是西周王朝管理放牛奴隶的小官吏，师𠑇是牧牛的上司。牧牛因为五个放牛的奴隶和他上司师𠑇打起了官司，判案的法官是周天子身边的顾命大臣——伯扬父。

判决的结果是牧牛以下告上，违反了周代礼制的规定，认定牧牛是诬告，判决牧牛败诉。法官伯扬父判决抽打牧牛 1000 鞭，并在脸上刺字。可能因为牧牛态度很好，最后宣布只打 500 鞭、免除脸上刺字，惩罚 300 寽（lüè）铜。

结案以后，法官伯扬父派人，把判案结果写成书面文字，由牧牛起誓。师𠑇就用这 300 寽铜铸造了我们今天看到的𠑇匜。这对研究中国法律史，了解西周的法律制度是十分重要的资料。

𠑇匜上的铭文

再现西周"五刑"

偰匜记载的故事，让我们对西周时期的法律制度有了更为直观的感受。在当时，对犯法之人的惩罚是非常严厉的。

《尚书·吕刑》中记载，商周有五刑：墨刑、劓刑、刖刑、宫刑以及辟刑。

今天，我们在已发现的青铜器铭文中，看到了与这些刑罚相关的字体。

西周时期，为了保障施过刑罚的人能够生存，国家会安排他们做一些力所能及的事情。

青铜器刖人守门鼎的门把手造型，正好是一个被砍去脚的人，也就是被施过刖刑的人。当时，这种人会被安排在贵族离宫、小苑中充当守门人。

这些青铜器的出土，让我们看到了制度井然有序的西周王朝。

卫簋

被施过刖刑的人充当守门人

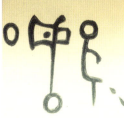

戴手铐的犯人
被关进监狱

割鼻子的劓刑

砍头的辟刑

砍脚的刖刑

一份三千年前的土地买卖契约

平民与贵族的土地交换

卫盉，是已发现的中国第一部土地交易地契。

1975 年 2 月 1 日，卫盉出土于宝鸡市岐山县董家村裘卫家族的青铜器窖藏中。

盉，目前已知有两种用途，一种是作为酒器使用，用来加水调和酒的味道；一种用于浇水盥洗。

卫盉的主人叫裘卫，是西周中晚期一个做皮毛生意、地位低下的小人物。

周恭王三年，周天子在丰京举行典礼，诸侯们要在朝觐天子的时候带一个觐璋。当时的大贵族矩伯为了朝觐天子，用自己的 1300 亩（约 866666.667 平方米）

卫盉——是已发现的中国第一部土地交易地契

200

宝鸡石鼓阁

地换了裘卫的一块玉璋和几块毛皮。

西周的土地王有制，是整个西周王朝的政治基础。周王把土地分封给各级奴隶主贵族，并有权把分封的土地收回重新分配，受封的人是没有权利买卖这些土地的。但是，裘卫却在三个官员的监督下，很轻松地把矩伯的 1300 亩（约 866666.667 平方米）合法地买到手里，他把整个过程记录在了卫盉之上。

孔子在《春秋》中讲到：土地的兼并，无疑是对周礼的一种破坏。记录在卫盉上的这次土地交易，成为西周土地王有制瓦解的开始，也是西周王朝走向衰微的标志，而裘卫的发家之路才刚刚开始。

据与卫盉同时出土的五年卫鼎和九年卫鼎记载，在之后短短不到6年的时间里，裘卫又从矩伯手中换得了400亩（约266666.7平方米）地和一片林地。而林地的交换在没有官员的参与下就完成了。

董家窖藏一共出土了裘卫家族37件青铜器，其中32件有铭文。根据铭文记载，裘卫的后代，社会地位一代比一代高，他的曾孙女甚至嫁给了周王室姬姓的头等世家。

西周出土青铜器

裘卫家族青铜器上的铭文

西周浮雕

记录在青铜档案中的王室没落

西周末年，原本全部属于周王的土地越来越多地归为私有，周王的威信也和他的土地一样，越来越少。那些曾经一呼百应的周王形象也渐渐地被人们遗忘。

日益衰弱的王室，众多强大的诸侯，西周王朝走到了命运的关口。

这一切，都被记录在了厚重的青铜档案之中。它对研究西周社会，甚至商代社会都是十分宝贵的资料。

当时的人，记当时的事，说当时的话，做当时的事。它让几千年以后的我们还能很直观地看见古人是怎么写字的，是怎么把文字铸在青铜器之上的。

今天，我们的记录方式已经发生了巨大的变化。在变化面前，人们不可避免地想寻求一种不变的精神归宿。

我们从哪里来，我们的气质和性格、精神和理想源自何方？

于是，我们追本溯源，在历史中找寻。

㝬簋（又称"胡簋"）

年代：西周厉王时期

规格：通高 59 厘米，口径 43 厘米，腹深 23 厘米，重 60 千克

出土地点：1978 年，陕西省扶风县齐村

簋通高 59 厘米，口径 43 厘米，腹深 23 厘米，重 60 千克。内有铭文 12 行 124 字，记录了周厉王祭祀先祖、祈神降福的祭文。㝬簋是存世商周青铜簋中最大的一件，堪称"簋王"。现收藏于中国青铜器博物院。

一件青铜器

一个人和一个王朝的斗争

一段仅有 124 字的铭文，
记录了周厉王祭祀先祖、祈神降福的祭文。
它让我们看到一个不一样的周厉王，
看到了一个王朝统治者所不为人知的另一面。

推土机下的神秘宝物

这是一片丰饶的土地，埋藏着许多秘密，很多人的命运因为它而改变。

今天，我们的故事就从这个大水塘开始。

那是1978年5月，为了解决农田用水问题，法门镇齐村的村民开始修筑陂塘。由于陂塘北高南低，需要把北边的土挖到南边去筑坝，推土机突然推不动了。

司机以为这是一个大石头，就加大马力。突然，火花四溅，司机被吓了一跳，他跳下推土机一看，推出一堆绿色青铜片。

这里经常出土文物，村民对青铜器是了解的，此时司机马上意识到，应该是遇到宝了。

人们知道宝鸡市法门镇，可能更多的是因为法门寺。其实，这里之所以声名远扬，还因为出土了大量的西周青铜器。这些青铜器，都是当时王公贵族们的用具，不但价值连城，其中的铭文还隐藏着很多今人所不知道的秘密。

众多青铜器的出土，使法门镇的人对这些宝贝并不陌生。可是，这次挖出来的宝贝却不同以往。

宝鸡法门寺

罗西章和当地村民熟悉起来

罗西章寻找失散的铜器碎片

法门镇村民前来挖宝

寻找失散的宝物碎片

附近村民得知推出了宝贝，纷纷前来刨挖，当地的指挥部得知消息后，把大件的东西拉走，小件的就被农民拿回了家。

当时任宝鸡市周原博物馆馆长的罗西章在得知此消息后匆匆赶到，结果发现这件宝物被推成了碎片，已不能完整拼接。据他回忆，当时这些碎片都是新碴，说明在出土之前是完整的。

透过锈迹，他发现残破的器物上似乎还有青铜铭文，不仅如此，罗西章还在这些碎片中看到了两个巨大的凤鸟形耳朵，每一个耳朵都重达 16 千克。仅仅一个耳朵的重量，就可以抵得上一件常见的青铜器。

究竟是一件什么样的器物才能配得上如此巨大的耳朵？能够铸造如此器物的人又会在当时拥有什么样的身份呢？

于是，一个大胆的想法萌发了。罗西章想要复原这个变成了碎片的宝物，看一看它原来到底是什么模样。但是首先，他得找回那些失散的碎片。

方座青铜簋

经过打探，罗西章得知，前一天在这周围干活的，是下康生产队的社员。罗西章背着自己收文物的帆布袋立刻出发，赶往下康生产队。

一到村里，罗西章就向村民宣传，交回碎片是保护文物，有功，会给予奖励。但令他没有想到的是，自己竟吃了数不尽的闭门羹。

村民都不肯交出碎片，他们不相信会给奖励。收回碎片的工作一开始就不顺利，这也丝毫没有动摇罗西章想要复原这件铜器的决心。为了尽可能收回失散的碎片，罗西章索性住在了村里，在这大半个月的时间里，他成了每天出现在村民眼前频率最高的人。

他每天跟社员一块劳动，时不时地抽空动员大家。就这样，罗西章渐渐和村民们熟悉了起来。半个月的努力终于有了成效，有人被说动了，开始把碎片交给罗西章，罗西章也兑现自己的承诺，把相应的奖励给到了村民。

指甲头大的、火柴盒大的……每一件碎片都被罗西章收在帆布做的工具袋里。

虽然一开始收到的都是些很小的碎片，但这对罗西章来说却是个很好的兆头。果然，不久之后，情况变得越来越好。慢慢地，村民把大块的碎片也交给了罗西章。

　　经过二十多天的努力，罗西章把村子
里里外外跑了个遍，把收集来的所有碎片
用架子车拉了回去。而这，对想要复原宝
物的罗西章来说，还仅仅是个开始。

　　收集到的这些碎片，最小的只有四五
克，最大的竟然有二十多千克，这貌似是
一个巨大方座的一部分。凤鸟形的耳朵，
加上方座，这是西周铜簋的常见造型。

　　簋是盛饭的一种器具，小一点的簋有
如我们今天使用的大碗，大一些的簋和今天

法门镇

的盆一样大。但是，盛饭用的簋并不是日常
生活中的用具，它是西周人举行祭祀仪式
或是宴飨时才使用的器具。天子九鼎八簋、
诸侯七鼎六簋、大夫五鼎四簋、士三鼎二簋。
它和其他西周青铜器一样，更多的是一种
身份和地位的象征。

这些碎片会是一个青铜簋吗？如果是，
这将会是一个巨大的青铜簋，也许它就会
成为目前中国已发现的最大的簋。

大面积破损的文物

碎片复原，三千年前的 "簋王" 显现真容

　　要将这 60 千克的碎铜片焊接好，复原成宝物原来的模样，将会是一项何其艰辛的工程。

　　据中国青铜器博物院的修复专家告诉我们，修复整个过程采取的措施，首先要保证对文物没有害处，其次是一定要保持器物原貌。

　　今天文物修复者在修复青铜器时，首先要做的就是清洁，他们用毛刷等工具把表面的灰尘清理掉，再做除锈。一般除锈

现在的文物修复技术

有物理除锈和化学除锈，但是最常用的是物理除锈。他们把较大的锈块用超声波振动器震掉，一些小的地方就用手术刀或是竹签刮掉，之后才是最复杂的部分。

由于文物在地下年代比较久，有些器物变形，需要做加热矫形。如果青铜器有缺损的部分，还要做精心的修补和配色。

对于文物检测，现在主要用的是碳–14化验，以及无损探伤检测、镜像分析，这好比是一个患者进了医院，医生首先要对患者进行问诊。特别是镜像分析和 X 光检测在青铜器的修复上，有利于判断采取不同的修复方法。

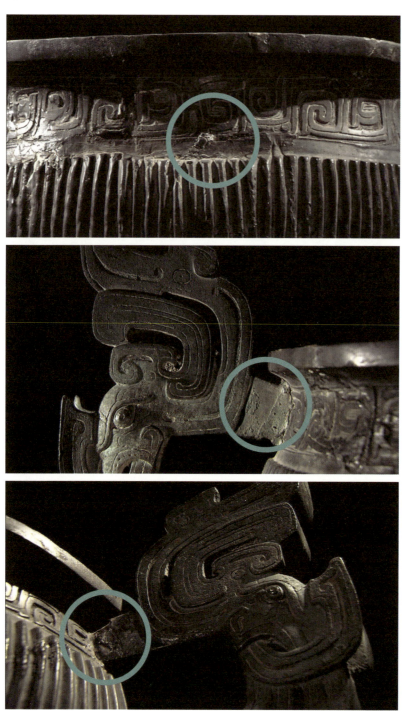

簋王焊接处

　　而 35 年前，还没有这些先进的设备和专业的人才，罗西章想要修复被推土机推成碎片的宝物，注定困难重重。

　　好在，他找到了一个好帮手。

　　当时，农机修配厂有一个电焊工人叫李义民，他的氧焊技术特别高。罗西章和他关系不错，于是请他来帮忙一起修复。

　　罗西章带着碎片来到李义民工作的厂房，两人仔细查看了碎片，发现器物碎得最厉害的是腹部和底座，底座直到最后还有四五千克重的一块没有找到。尽管如此，也不难想象这件青铜器会是一副怎样巨大而庄严的模样。

　　在修复的过程中，罗西章和李义民首先要解决的就是给这些变形的碎片整形。没有专业工具，没有专业设备，整形变得很困难。

　　只有整形成功了，才能恢复器物原貌。

　　两个人在有限的条件下，根据它保留的一些原型，通过制作模具等手段，经过十几天的奋战，整形工作终于告一段落。

器物修复中（还原现场）

𫘝簋修复前

𫘝簋修复后

　　原本以为很快就能看到宝物的真容，但是新的问题又出现了。这个问题比整形过程中遇到的问题还要严重，那就是整形好的碎片却焊不到一块儿去。由于热胀冷缩的原因，这边刚焊好，那边就炸了。经过研究分析，他们决定用逐点焊，就是分别从不同的点去焊，慢慢地再把焊的点连起来。没想到，这个方法竟然成功了。

遗憾的是，一块四五千克的方座缺口最终没有找到，他们只能用树脂加上水泥把缺口的地方补了起来。

三千年前的青铜簋，终于显现真容。

它通高 59 厘米，重达 60 多千克，是典型的西周青铜簋的造型。在中国出土的青铜簋中，它的体型最大，所以称为"簋王"。

青铜簋

124 个字的铭文，记录祭奠先王的祭文

这个簋中之王，还有一个名字，叫"王簋"，这个称呼就源于它的主人。

在已出土的青铜器中，属于王的器物十分罕见。谁也没有想到，这件由无数碎片拼接而成的巨大铜簋，竟是一件名副其实的王者之器。它的主人，就是中国历史上最著名的暴君之一——周厉王。

这个巨大的簋根据周厉王的名字姬胡，被命名为"胡簋"。

被推土机推出 100 多个碎片的胡簋，经过修复后，看起来似乎很完整，虽然仍有一个方座缺口，但是丝毫不影响铭文的完整度。胡簋中 124 个字的铭文，记录的是周厉王祭奠先王的一篇祭文。

周厉王在这个祭文中，表明了他愿意发奋图强，把国家治理好。铭文中的周厉王，似乎并不像历史记载的暴虐形象。

周原遗址

㝬簋 124 字铭文

周原剪影

铭文大意为：我昼夜尽心经营先王事业，以配皇天，我任用义士献民，祀先王宗室。作此将彝宝簋，安惠于先宗列祖，以祀皇天大命，保佑周室、王位和我身。赐降多福、长寿和智慧。

据史书记载，周厉王将山林湖泽资源改由国家直接控制，不准受封者或贵族继续独享。国人因不满周厉王的政策，怨声载道。于是，周厉王又派人监视国民，禁止国人谈论国事，违者杀戮，以至于人们在外面都不敢说话，只能互相目视，用眼神进行交流。

然而，㝬簋里124字的铭文，却记录着一个不一样的周厉王，让我们看到了作为一个王朝统治者所不为人知的另一面。

皮影戏：周厉王的残暴统治

皮影戏：周厉王时期的百姓见面用眼神进行交流

虢季子白盘

年代：西周宣王时期

规格：长 137.2 厘米，宽 86.5 厘米，高 39.5 厘米，重 215.3 千克

出土地点：清道光年间，陕西宝鸡虢川司

烽火戏诸侯

周王朝走向终结

青铜时代最辉煌的王朝，
在周幽王烽火戏诸侯的笑话中走向终结。
周人梦想建立的完美礼制，
被财富与力量的混战所取代。
敦簋上属于王者的铮铮誓言，
最终成为西周王朝的一曲挽歌，
但它同时也成为一个新时代开始的序章。

史书记载的残暴昏君是否属实？

周厉王死后，后人给他起了一个谥号——厉，就是暴虐狠戾的意思。我们可以想象，在他统治的时期，会是怎样一番暴戾的情形。

然而，㝬簋的出土，却让我们看到了周厉王想要发奋图强、治理好国家的愿望，这似乎与历史上记载的那个残暴昏君不太一样。

古代战车雕塑

一念地狱，一念天堂，在天堂与地狱之间，什么才是历史的真相？

从文王算起，周厉王是西周第十一位王，距西周灭亡仅余两代。

从周人的先祖掌管农业的弃开始，到古公亶父带领族人迁居周原，再到武王伐纣、周公制礼……西周历经了初期的盛世之后，王室的威慑力从中期开始逐渐衰弱。

据《史记》记载，昭王时期，王室的影响力就开始衰弱，到了周厉王的父亲夷王在位的时候，就有诸侯公然不来朝觐天子，甚至无视周王颁布的法令，互相征伐。到了厉王时期，这种情况更为严重。

昭王之时
王道微缺
史记·周本纪

王室微
诸侯或不朝
相伐
史记·楚世家

《史记》记载周王室的影响力逐渐衰弱

铭文见证井田制度的瓦解

现藏于台北故宫博物院的散氏盘，也是目前出土铭文最长的盘。它在清乾隆年间就出土于陕西宝鸡地区。

散氏盘内357字铭文，是目前已发现的第一部边界契约，记录年代就在厉王时期。

据考证，铭文中记载的散（sàn）国位于今天陕西宝鸡凤翔一带，西北方与夨（zè）国相邻。夨国侵入散国的领地，造成散国损失，散国要求赔付，又鉴于夨国有不讲信誉的前科，于是找了很多人作见证，而且还将整个过程记录在青铜盘上作证据。

散氏盘

散氏盘部分铭文

散国和矢国之所以发生边界之争，就是因为他们开始把周王分封的土地视为己有。

不仅如此，从出土于宝鸡市董家村裘卫家族窖藏的青铜器铭文中，我们看到，原本是普天之下莫非王土，而到了西周中晚期，周王的土地，竟然可以私人交换买卖了。原本是西周王朝重要税收来源之一的井田制度也随之崩溃。

诸侯们不断将土地据为己有，随之，周王室收到的贡赋也越来越少。少了财政的

今天的宝鸡

周厉王成为
中国历史改革第一人

宝鸡市董家村裘卫家族窖藏的青铜器

支持，王室日渐衰微。相反，诸侯们则迅速强大了起来，再也不把周王放在眼里了。

原本周王通过分封诸侯国，壮大开疆拓土的力量，并形成诸侯对王室众星拱月的局面，以巩固西周的统治，没想到最后却形成了王室被众多强大诸侯包围的局面。

据史书记载，周厉王时期，楚国的诸侯无视周厉王的存在，竟公然称王。

也许，周厉王正是看到了这样的危机，才决心改革。

周原遗址

改革成为悲剧的源头

在馘簋铭文中的"肆余以（义）士献民，再（称）盩先王宗室"，意思是要任用有才华的新人，重整王室，言下之意就是不再重用那些世袭的贵族旧臣。

周厉王在列祖列宗前发愿的这一刻，不会想到，这一句誓言也许就是他一切悲剧的来源。

任用新人，就必然会发生权利的转移，这样的做法立刻遭到了当时那些位高权重的贵族们的一致反对。

《诗经·大雅·荡》的内容，就是抗议周厉王任用贪婪暴戾的人，不遵从祖制，不任命原来的重臣，是一个品德不明的人，不知道谁该做辅佐，不知谁该做公卿。

《诗经·大雅·板》中，甚至直接说王族及世族的子弟才是国家的栋梁，不要打破旧的政治秩序。

周厉王谨记自己在列祖列宗面前的誓言，在众人的反对声中，他成为中国历史上改革的第一人。由此产生了一个词语——厉始革典。

馘簋内的铭文

《诗经·大雅》

　　周厉王在新政中，为了增加财政收入，把原本公有的山川林泽收为国有，任何人使用其中的资源都要缴纳费用。他又下令收回了大贵族们多年来私自占有的产业，这严重触及了大贵族的经济利益，引发了他们对周厉王的激烈攻击和对新政的顽固抵制。

　　为了避免听到反对的声音，周厉王竟然派人监视人们，如果有人随便谈论他的改革，就被抓走处死。结果大家在外面都不敢说话，只能用眼神来交流。

　　周厉王为了确保新政的实施，采用了既简单又粗暴的手段，虽然短时间内堵住了人言，却阻止不了人心的流失。

中国青铜博物馆中的人物雕塑

宝鸡石鼓山

周厉王的改革得罪了贵族，同时也伤害了国人的利益。

国人在西周时期不是普通的人，而是具有一定社会地位的人群。据记载，西周、春秋时期就发生过多次国人干预政治的事件。

周厉王的新政不许国人无偿使用这些自然资源，从而使国人的生活处境更加困难。于是，绝境之中的人们开始暴动。

也许，连周厉王自己也没有想到，一心想要强国、维护王室统治的自己最终会陷入众叛亲离的绝境。

公元前841年，国人暴动，周厉王逃亡，这一年，是中国有确切纪年的开始。

周厉王带领亲信逃离都城，沿渭水河岸，一直逃到一个叫彘（zhì）的地方，大概就是今天的山西省霍州市。

今山西省临汾市霍州市

周厉王时期国人暴动（浮雕）

铭文见证周宣王中兴

暴动的国人找不到周厉王，把怒气转向了他的儿子姬静。厉王之子姬静躲在召公家中，以召公之子作为交换，得以保命。

周厉王逃走之后，朝政无人掌管，诸侯们便推选共伯和代替周厉王执政，史称"共和行政"。不过还有一个说法，说是诸侯们组成了一个所谓的"领导班子"，大家一起来掌管政权。

在之后的整整 14 年里，那个一心想振兴周王室、强大国家的周厉王，再也没能回到自己的王城，最后病死他乡。

这时，当年被召公救下的厉王之子姬静已经长大成人，大臣们拥立他继承王位，这就是历史上的周宣王。

也许宣王年幼之时，就目睹了父亲周厉王在理想与现实之间的苦苦挣扎，于是，他在吸取了父亲惨痛的教训之后，开始整顿朝政，使西周的实力有所恢复，甚至可以反击常年侵扰西周边境的敌人了。

始建于周宣王时期的平遥古城

240

虢季子白盘内铭文

虢季子白盘

在现今已出土的青铜器中，我们可以找到有关宣王统治下西周国力恢复的证据。

这件青铜器叫虢季子白盘，现藏于中国国家博物馆，清道光年间出土于陕西宝鸡。在它上面记录着周宣

游牧民族

王十二年，虢季氏的子白率兵大败猃狁（xiǎn yǔn）的辉煌战绩。

猃狁是西周时期活动于今天陕西、甘肃北部和内蒙古西部的游牧民族，在西周中后期时，常侵扰西周的边界，周王室在很长一段时间里都无力反抗。

在虢季子白盘记载的这次战事中，西周反败为胜，斩杀敌人 500 人，俘虏 50 人。

这些记载着西周胜利的青铜铭文，为我们描绘出"宣王中兴"的图景。

然而，"宣王中兴"并没有阻止西周衰亡的脚步，只不过是西周灭亡前的回光返照罢了。

烽火台狼烟起

西周灭亡

烽火戏诸侯（浮雕）

244

西周走向灭亡

随着宣王的儿子周幽王继承王位，西周迅速走向灭亡。

周幽王也许是中国历史上最荒唐的君王。他有个妃子叫褒姒（bāo sì），长得非常美，却从来不笑。周幽王下令，如果有人能使褒姒笑一笑，便重重有赏。这时，有人向幽王献了个馊主意，提议用烽火台一试。

一天傍晚，临近王城的诸侯突然看到烽火，以为敌人来袭，火速领兵赶来营救，到了王城外个个汗流浃背、狼狈不堪，却看到王城里灯火辉煌、鼓乐喧天，周幽王和褒姒正在城头看热闹。各位诸侯怒不能言，气愤地收兵回营。褒姒见千军万马招之即来，挥之即去，如同儿戏，禁不住嫣然一笑。

周幽王宠爱褒姒，废去原来的王后和太子，立褒姒的儿子为继承人。

公元前771年，原周幽王王后之父申侯联合缯（zèng）国和犬戎攻打幽王。幽王命人点燃烽火，向诸侯求救。

然而，周王室的烽火最终没有唤来诸侯的支援，却化为燃尽王室的烈火。

青铜时代最辉煌的王朝，在周幽王烽火戏诸侯的笑话中，走向终结。周人梦想建立的完美礼制，被财富与力量的混战所取代。

𣪘簋上属于王者的铮铮誓言，最终成为西周王朝的一曲挽歌，但它同时也成为一个新时代开始的序章。

在随后那个诸侯争霸的时代里，儒家、法家、道家、墨家等众多思想流派涌现出来，出现了中国思想文化史上的大繁荣，为中华民族的大融合奠定了基础。

今天的周原遗址，是目前周文化保存最完整的一个遗存。

周王朝开创了中国国家制度的先河，是一个承前启后的王朝，完成了野蛮社会向文明社会的巨变，奠定了中国礼仪文化的基础，这是东

孔子雕像

至圣先师
孔子

周原遗址

方文明的代表。

三千年的沉浮，没有褪去西周王朝的华光。直到今天，那个时代的文明依然闪烁在这些青铜器上，也继续绽放在后人的笑容之中。

图书在版编目（CIP）数据

青铜王朝 / 科影发现编 . -- 北京：中国科学技术出版社，2023.6（2024.2 重印）

（博物馆里的考古大发现）
ISBN 978-7-5046-9917-6

Ⅰ．①青⋯ Ⅱ．①科⋯ Ⅲ．①青铜器（考古）—中国—通俗读物 Ⅳ．① K876.41-49

中国国家版本馆 CIP 数据核字 (2023) 第 033814 号

策划编辑	徐世新	
责任编辑	向仁军 孙璐	
封面设计	锋尚设计	
正文版式	玉兰图书设计	
责任校对	邓雪梅	
责任印制	李晓霖	

出　　版	中国科学技术出版社	
发　　行	中国科学技术出版社有限公司发行部	
地　　址	北京市海淀区中关村南大街 16 号	
邮　　编	100081	
发行电话	010-62173865	
传　　真	010-62173081	
网　　址	http://www.cspbooks.com.cn	

开　　本	710mm×1000mm　1/16	
字　　数	154 千字	
印　　张	15.5	
版　　次	2023 年 6 月第 1 版	
印　　次	2024 年 2 月第 2 次印刷	
印　　刷	北京瑞禾彩色印刷有限公司	
书　　号	ISBN 978-7-5046-9917-6/K·365	
定　　价	88.00 元	